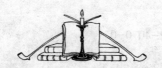

哈佛财商课

刘长江　编著

HAFO CAISHANGKE

吉林文史出版社
JILIN WENSHI CHUBANSHE

图书在版编目（CIP）数据

哈佛财商课 / 刘长江编著. -- 长春：吉林文史出版社, 2017.5（2021.12重印）

ISBN 978-7-5472-4070-0

Ⅰ.①哈… Ⅱ.①刘… Ⅲ.①商业经营－通俗读物 Ⅳ.①F715-49

中国版本图书馆CIP数据核字(2017)第091788号

哈佛财商课
HAFO CAISHANGKE

出 版 人　张　强

编 著 者　刘长江

责任编辑　于　涉　董　芳

责任校对　薛　雨

封面设计　韩立强

出版发行　吉林文史出版社有限责任公司

地　　址　长春市净月区福祉大路5788号出版大厦

印　　刷　天津海德伟业印务有限公司

版　　次　2017年5月第1版

版　　次　2021年12月第6次印刷

开　　本　640mm×920mm　　16开

字　　数　200千

印　　张　16

书　　号　ISBN 978-7-5472-4070-0

定　　价　45.00元

前　言

　　哈佛大学是全球造就亿万富豪最多的大学。它的商学院被喻为"总经理摇篮"，培养了微软、IBM一个个商业神话的缔造者。著名亿万富翁纽约市长彭博，维亚康姆执行董事长雷石东，城堡投资集团创建者、对冲基金大亨格里芬，以及石油大亨老洛克菲勒都出自哈佛。据美国《福布斯》杂志公布的最新"美国造富大学排行榜"，哈佛大学因造就了62位在世的全球亿万富豪而名列榜首。由于培养了众多富豪级的校友，哈佛也因此而成为全美接受捐赠资金最多的大学。

　　哈佛大学之所以能在商业等方面造就出灿若群星的杰出人才，得归功于它在培养和提高学生的财商方面有着一套独特有效的方法。考入哈佛大学，亲自去学习这些方法，是多少学子梦寐以求的事情；将自己的孩子送进哈佛大学深造，又是多少父母望子成龙的殷切希望。然而，能真正走进哈佛大学的人毕竟是极少数，大多数人难以如愿以偿。为了帮助莘莘学子及广大渴望在财富方面有所成就、有所作为的读者不进哈佛也一样能聆听到它在培养学生财商方面的精彩课程，学到百年哈佛的成功智慧，我们编写了这部《哈佛财商课大全集》。

　　财商是指一个人在财务方面的智力，即理财的智慧，它包括两方面的能力：一是正确认识金钱及金钱规律的能力；二是正确使用金钱及金钱规律的能力。财商是衡量一个人在商业方面取得成功能力的重要指标，反映了一个人判断财富的敏锐性，以及对怎样才能形成财富的了解程度。哈佛大学一直认为财商是实现成功人生的关键，将它与智商、情商一起并列为学生不可或缺的"三商"教育。哈佛大学在强调财商重要性的时候，常常这样教育学生：智商能令你聪明，但不能使你成为富有的人；情商可帮助你寻找财富，赚取人生的第一桶金；只有财商才能为你保存这第一桶金，并且让它增值得更多更多。著名商人乔治·克拉森说，财富就像一棵树，是从一粒小小的种子成长起来的。你积蓄的第一个铜板就是你的财富之树的种子；你越早播种，财富之树就会越早成长起来；你越是以不断的储蓄悉心地呵护这棵树，你就可以越早地在它的树荫下乘凉。

美国财商专家罗伯特·清崎说："人们纠结于财务问题的主要原因是，他们在学校里待了很多年，却对金钱一无所知。结果便是他们学会了怎样为金钱工作，而不是让金钱为他们工作。"因此，现实生活中，我们经常听到一些人这样为自己没钱找借口，抱怨命运的不公。其实，这是人们的通病。他们从来没有考虑过，他们之所以穷，就穷在财商低下，对金钱一无所知。财商的低下导致行动的落后，行动的落后导致生活的贫穷。世界上许多穷困的人都是有才华的人。这些有才华的穷人整天就想着读完大学读硕士，读完硕士读博士，甚至还要出国深造，考各种各样的证件，以期在毕业的时候能找到一家好的雇主，得到一份高薪水。在他们的思维中，从来就没有想过如何提高自己的财商，结果，博士、硕士给财商极高的高中生甚至初中生老板打工的现象比比皆是。因此，如果不努力提高你的财商，即使你学到再多的知识，考到再多的证件，你依然无法在财富方面取得成功，更别说获得财务上的自由。

很多人看到比尔·盖茨、李嘉诚等人的财富都很艳羡，梦想着有朝一日能够像他们一样家财万贯。其实，你要成为亿万富翁也不是没有可能。这是一个创造奇迹的时代，人人生来都是平等的，本来就没有高低贵贱之分。比尔·盖茨、李嘉诚起初也是贫穷的人，但他们最终成为万人景仰的富翁，他们致富的秘诀是什么呢？答案就是不断提高自己的财商。他们时刻都像一个富人那样在思考，在行动，最终通过不懈的努力，实现了自己人生的辉煌。因此，你现在的贫穷并不可怕，关键在于你要通过提高财商，改变自己的贫穷思维，接受富有的思维，学会像富人一样思考，像富人一样行动，最终你也可以成为亿万富翁。

本书以哈佛的财富思想对读者的财商进行教育、训练、提高，让你的财商思维与哈佛理念同步，从中你将吸取以下财商智慧：学会富人的思维方式、理财模式和赚钱方式，掌握提高财商的基本方法；迅速提升商机洞察力、综合理财力，懂得如何运用金钱，如何捕捉别人无法识别的机会，正确解读财富自由的人生真谛；获得正确认识和运用金钱及金钱规律的能力，体验富人对金钱的独特看法，知道富人的思维和普通人有多大差异；洞悉多种投资致富途径的玄妙，懂得运用正确的财商观念指导自己的投资行为，学会架构自己的投资策略体系，掌握实用的投资方法。实践证明，只要具备了较高的财商，就能在今后的事业中游刃有余，机会自然也就接踵而来，对财富的渴望就有可能变成希望，变成现实。

目　录

第三章　掌握创富的诀窍

第四章　聪明的人让金钱为自己工作

第五章　果断地抓住创富的机遇

第一章

拥有强烈的财富欲望

第一课　财富始于"野心"的膨胀

"野心"的力量

开餐馆的老板

有两个老板准备在一个小镇上开餐馆，于是先去做市场调查。第一个老板发现这里的人都极其喜欢吃辣的，而自己的菜肴却偏清淡。这个老板打起了退堂鼓，他沮丧地想，如果在这里开餐馆，生意一定很冷清，于是他迟迟不敢投资。而另一个老板却感到十分惊喜："这个小镇上居然还没有一家口味清淡的餐馆，那不就证明我在这里有财可发吗？"于是他毫不犹豫地连开了3家店，不但占领了清淡菜的市场，而且让小镇的居民也逐渐改变了口味。他的店总是顾客盈门，老板也赚得盆满钵满。

赛马的启示

强尼·格林是一匹非常有名的良种赛马，在许多次赛马比赛中它都取得过好成绩，所以在1902年7月的比赛中，它被认为是种子选手。事实上，它获胜的希望的确非常大。马师精心地照料、训练它，在广告中，它也被宣传为唯一有可能击败"战斗者"的马。

1902年7月，这两匹马在阿奎德市举行的德维尔奖品赛中终于相遇了。

那天是一个极为庄严、隆重的日子，所有的人都注视着比赛的起跑点。当人们看着这两匹马沿着跑道并列奔跑时，大家都清楚，"格林"是在同"战斗者"进行殊死的搏斗。前 1/4 的路程，它们不分先后；一半的路程、3/4 的路程过去了，它们仍然并驾齐驱；在仅剩 1/8 路程的地方，它们似乎还是齐头并进。然而，"格林"在这个时候使劲向前蹿去，超过"战斗者"，跑到了最前面。

"战斗者"骑手的危急关头到了，在赛马生涯中他第一次持续地将皮鞭抽打在自己的坐骑身上。"战斗者"的反应似乎是这位骑手在放火烧它的尾巴。"战斗者"猛冲到前面，同"格林"拉开了距离。"格林"相比之下好像在散步一样。比赛结束时，"格林"落后了"战斗者"7 个身位。

"格林"本来是一匹精神昂扬、很有希望的马，但是它却被这次的经历打败了。它的隐形护身符被它自己从积极心态翻到了消极的一面，它从此变得悲观、消极、一蹶不振。后来，在一切比赛中它都只是应付一下，再也没有获得过胜利。

外交官的故事

从前，有个国家的外交官奉命来到一个岛国上执行外交使命。这是一个在祖国千里之外的国家，这里的一切都是那么陌生。他在这里水土不服，不习惯这里的气候，周围没有一个同种族的人，也很少有人能够听懂他的语言。没有任务的时候，外交官就会浑身上下都不舒服。这时，他就倍感思念自己的国家，思念自己的亲人。终于，他写了一封长信给曾经教过自己、也身为外交官的老师，大发了一通牢骚，然后说自己想离开这里，哪怕不做外交官也行。

不久，老师回信了。老师在信中只问了他一个问题："当你欣赏花朵时，你是看它美丽的花瓣，还是看那根部肮脏的泥土呢？"

外交官捧着这封信反复读着，忽然，他明白了老师的意思，顿时惭愧不已。于是他又给老师写了一封信，说他会学着去欣赏花瓣的美丽，而忘记泥土的肮脏。

随后的日子里，外交官开始在这个岛上漫游，并且广泛接触当地的居民。他先是比画着手势和他们交流，渐渐得到了他们的信任和帮助。他发现，这个岛国虽然经济不够发达，但是人民却非常聪明。他们在生活上的发明让外交官解决了不少生活的难题，而他们的编织物和工具在他眼里都成了奇妙的艺术品。岛上的植物、动物都是那么独特而有趣，光研究它们就要花费他不少的休息日。于是，外交官不再孤独寂寞了，他变得非常充实，成天有做不完的事情。

认识和利用"野心"

藏在木材里的钞票

在美国南方的一个州，那里用烧木柴的壁炉来取暖。很久以前，那儿住着一个樵夫，他负责劈好柴火交给主顾。但有一次他送来的柴火并没有劈好，所以劈柴的工作只好由这个主顾自己来做。他卷起袖子开始劳动。在这项工作进行到大概一半的时候，一根非常特别的木头引起了他的注意。这根木头有一个很大的节疤，很明显，是有人把节疤凿开又堵塞住了。这是什么人干的呢？他掂量了一下这根木头的重量，觉得它很轻，木头的里面是空心的。于是他用斧头把它劈开，木头里面掉出来一个发黑的白铁卷。他蹲下去，拾起这个白铁卷，把它打开。他吃惊地发现里面包着一些很旧的 50 美元和 100 美元两种面额的钞票。他数了数，发现包在木头里面的钞票恰好有 2250 美元。很明显，这些钞票已经藏在这个树节里许多年了。他当时唯一的想法是使这些钱回到它的真正的主人那里。他又给那个樵夫打了电话，问樵夫这些木头是从什么地方砍来的。但是这个樵夫不告诉他，心态非常地消极。

樵夫说："那是我自己的事。别人会欺骗你的，如果你泄露了你的秘密。"尽管这个主顾做了多次努力，他还是无法知道樵夫是从哪里砍来的这些木头，也不知道藏在木头内的钱的主人是谁，所以他只好把这些钱当做是意外得来的财富。

这个故事的要点并不是讽刺，而在于说明：具有积极心态的人发现了钱，而具有消极心态的人却不能。可见，每一个人的生活中都存在着好运。然而，好运却会被消极对待生活的人浪费而无法造福自己。具有积极心态的人总是能抓住机会，甚至从厄运中获得利益。

罗斯福如何成为总统

富兰克林·罗斯福是美国著名的总统之一，但是没有人能想象出这位受人爱戴的总统有着怎样悲哀的童年。

8岁的罗斯福是一个脆弱、胆小的男孩，惊惧的表情总是显露在他的脸上。他天生有龅牙，呼吸时就像喘大气一样。上课的时候，如果老师叫他起来背诵，他就会紧张得双腿发抖，并且嘴唇颤动不已；回答问题的时候他也是发音含糊不清且不连贯，然后颓丧地坐下来。

他这样的小孩，一般都会非常地敏感，而且回避任何活动，不喜欢和别人交往，没有朋友。这种孤僻的人，一般只会顾影自怜！

罗斯福的身体虽然有些缺陷，但是他却保持着积极的心态。他积极、奋发、乐观、进取，他的奋发精神就是由这种积极心态所激发的。

他更加努力地去奋斗，以弥补自己的缺陷。他并没有因为同伴对他的嘲笑便失去了勇气，他喘大气的习惯也渐渐地被克服，他咬紧自己的牙床使嘴唇不颤动以克服他的惧怕，这一切都是靠他的坚强意志做到的。他没有因为自己的缺陷而感到气馁；相反，他甚至对自己的缺陷加以利用，使自己的缺陷变为自己的资本，变为爬向成功巅峰的扶梯。就是凭着这种奋斗精神，凭着这种积极心态，罗斯福终于成为了美国总统。

他曾有严重缺陷的这段经历，在他的晚年已经很少有人知道了。他得到了美国人民的爱戴，成为美国历史上最得人心的总统之一。

毫无疑问，罗斯福的成功是非常神奇的。他身上先天所加的缺陷是如此的严重，面对自身的缺陷，他却能毫不灰心地努力下去，直到自己取得巨大的成功。

一般像他这样有如此缺陷的人都会停止奋斗而自甘堕落，这是相当自然而平常的事。自怜的罗网曾经害过很多人，有些人比他的缺陷要轻得多，却因此自暴自弃、不思进取。但是罗斯福却没有因为自身的缺陷而自甘堕落，他从来没有落入这样的罗网里。

哈里的奋斗

跟罗斯福一样，哈里也是一个身体有缺陷的人，但是他同样没有放弃，同样以积极的心态面对生活中的困难。

他极为注意自己身体的缺陷，他会想尽办法来恢复自己的健康：花费大量时间去洗"温泉"、喝"矿泉水"、服用"维生素"，花时间航海旅行，坐在甲板的睡椅上……

他要使自己成为一个真正的人，他没有把自己当做婴孩来看待。当他看见别的强壮的孩子玩游戏的时候，他也强迫自己去参加一些激烈的活动，比如打猎、骑马、玩耍等。通过参加各种激烈的活动，他试图使自己变为最能吃苦耐劳的典范。他用一种探险的精神去对付所遇到的可怕的环境，这样，他也觉得自己变得勇敢了。

当他和别人交往的时候，他不回避他们，而是积极地和别人沟通，因为他觉得他喜欢他们。他没有自卑心理，因为他对别人感兴趣。他渐渐感觉到，当他用"快乐"的心态和别人交往时，他就不再惧怕别人了。

通过不断的努力以及系统的运动和生活，在还没有进大学之前，哈里的健康状况和精力就已经恢复得很好了。他想方设法让自己变得强壮有力：他利用假期在落基山猎熊，在亚利桑那追赶牛群，在非洲打狮子……现在，有人会对哈里产生疑问吗？或是有人会怀疑他的勇敢吗？然而哈里曾经多么弱小胆怯啊！这就是事实。

哈里和罗斯福成功的方式是何等简单，然而却又是何等有效！而且这样的方式是每个人都可以做的。

哈里的心态和他的努力奋斗是他成功的主要因素，这其中最重要的因素还是他的心态。他能够最终从不幸的环境中突围而出，走向成功，正是在这种积极心态的激励下努力奋斗的结果。他使用了自己的隐形护身符，并且把心态积极的那面朝上，终于使自己取得了成功。

埃尔·阿伦的灵感

埃尔·阿伦是美国联合保险公司业务部的一个小小的推销员，他的目标就是成为公司里的王牌推销员。有一次，他在一本名为《成功无限》的杂志上读到了一篇题为《化不满为灵感》的文章，并且在不久之后，在自己的推销工作中应用到了书中所介绍的原理。

在一个寒冷的冬天，顶着刺骨的寒风，埃尔在威斯康星市区里沿着一家家商店推销保险，结果一份保险也没有卖出。遇到这种情况，他当然对自己非常不满意。当天晚上，他突然想起自己曾经读过的那篇《化不满为灵感》的文章，他决定试试其中提到的原理。第二天，他在出发进行推销前，把自己前一天的失败告诉了其他推销员，并且信誓旦旦地说："等着看好了，今天我要再去拜访昨天那些客户，并且会卖出比你们更多的保险。"

埃尔真的办到了，他取得了成功。他再一次回到昨天推销的那个市区里，再度拜访了每一个他前一天谈过话的人，结果这一天他一共卖出66份新的意外保险。

所罗门国王的经验

一个人的行为方式不可能永远脱离于他的自我评价。消极心态者不但经常想到外部世界最坏的一面，而且也总想到自己最坏的一面；他们不敢期望得到什么，所以往往收获更少。遇到一个新观念，他们的反应往往是：

这是行不通的。

从前没有这么干过。

没有这主意不也过得很好吗？

这会不会太冒险了？

现在条件还不成熟。

这并非我们的责任。

据说所罗门国王是世界上最明智的统治者。在《圣经》箴言篇 23 章第 7 节中，所罗门说："一个人的心怎样思量，他的为人就是怎样。"换言之，人们相信会有什么结果，就可能有什么结果。人们只会为了自己想获得的成就而不停地追求，而不可能取得他自己并不追求的成就。人们对自己无意得到的成就是不会去争取的。当一个消极心态者对自己不抱期望时，他就不会相信自己拥有取得成功的能力，他成了自己潜能的最大敌人。

"野心"需要培养

森戈的故事

有一天，在穿越高高的喜马拉雅山脉的某个山口时，森戈和他的旅伴看到一个人躺在雪地上。森戈想停下来救助那个人，但他的旅伴说："他是个累赘，如果我们带上他，我们自己的性命也会丢掉的。"

但森戈觉得不能把这个人丢在冰天雪地之中，让他被冻死。当和自己的旅伴告别之后，森戈将这个人背在了自己的背上。他背着这个人竭尽全力地往前走。渐渐地，这个冻僵的身躯在森戈的体温下变得温暖起来，并且终于活了过来。不久，两个人可以并肩前进了。但是，当他们赶上那个旅伴时，却发现他已经被冻死在冰天雪地之中了。森戈心甘情愿地牺牲自己的一切，包括自己的生命来救活另一个人，挽救了他的生命；而森戈那个只顾自己的无情旅伴，最后却丢了自己的性命。

汤姆·邓普西怎样成为关键球员

当汤姆降生的时候，他是一个畸形儿：只有一只畸形的右手和半只脚。但他从来不因为自己的残疾而感到不安，因为从小他的父母就训练他挑战自己。其他男孩能做的事他也一样可以完成，如果童子军团行军 5 千米，汤姆也同样能走完 5 千米。

后来他开始踢橄榄球。他发现，他比其他一起玩的男孩子都踢得远。为了踢球，他专门找人设计了一只鞋子，并穿着它参加了踢球测验，最终成为了一名冲锋队球员。

"你不具备做职业橄榄球员的条件。"教练尽量婉转地告诉他，并且要他去试试别的行业。最后他申请加入新奥尔良圣徒球队，并且请求给他一次机会。球队的教练虽然心存疑虑，但还是对他产生了好感，教练看到这个男孩是这么地自信，决定给他一次机会。

经过两个星期的观察，教练更加喜欢他，因为在一次友谊赛中，他踢出了 55 码远。由于他的优异表现，他成为了圣徒队的一员，而且他在那一赛季中为他的球队贡献了 99 分。

最伟大的时刻终于到来了，新奥尔良圣徒队要和巴第摩尔雄马队一决胜负，66000 名球迷坐满了整个球场。圣徒队落后 1 分，比赛离结束只剩下了几秒钟；球队把球推进到 45 码线上，但是比赛马上就要结束了。教练大声说："汤姆，进场踢球。"

当汤姆进场的时候，他知道球是由巴第摩尔雄马队毕特·

瑞奇踢出来的，而他们队距离得分线有55码远。

球传接得很好，汤姆对准球全力一脚踢了过去，球笔直地向前飞去。但是这一脚踢得够远吗？在场的所有球迷都屏住气盯着飞行的皮球，球在离球门横杆上几英寸的地方越过。接着，裁判在终端得分线上举起了双手，表示得了3分，圣徒队以19比17获得了胜利。这是最远的一脚得分。球迷都非常兴奋，他们狂呼乱叫，几乎没有人相信这一脚是只有半只脚和一只畸形手的球员踢出来的！

有人大叫："真是难以置信！"面对这些，汤姆只是微笑。他想起了他的父母，正如他自己说的："他们从来没有告诉我，我有什么不能做的。"因此，他创造出了这么了不起的纪录。

小镇的故事

在大多数情况下，你对别人是怎样的态度，别人就会用同样的态度来对你。有这样一个讲述两个不同的人迁居到同一小镇的故事。

第一个人到了市郊，就把车停在一个加油站问一位职员："你们这个镇的人怎么样？"

"你从前住的那个镇的人怎么样？"加油站职员反问道。

那个人回答："他们很不友好，真是糟透了。"

加油站职员于是说："你会发现我们这个镇的人也一样。"

第二个人驾车没多久也驶进了同一个加油站，向同一个职员问了同一个问题："这个镇的人怎么样？"

"你从前住的那个镇上的人怎么样？"加油站职员同样反问。

第二个人回答："他们十分友好，真是好极了。"

于是加油站职员说："我们这个镇的人也一样。"

同样的回答却表达了不一样的内容。那个职员懂得，你对别人的态度跟别人对你的态度是一致的。

战争的导火索

有积极心态的人不会在小事情上花时间和精力，因为小事会使他们偏离主要目标和重要事项。这种偏离的产生，往往是由于一个人对一件无足轻重的小事情做出的反应——小题大做。以下是一些值得参考的对小事情的荒谬反应。

1654 年，瑞典与波兰开战。开战的原因是瑞典国王发现在一份官方文书中，只有两个附加的头衔写在他的名字后面，但却有 3 个附加头衔写在波兰国王的名字后面。

大约 900 年前，因桶的争吵而爆发了一场让整个欧洲都饱受蹂躏的战争。

有一场英法大战是由于有人不小心把一个玻璃杯里的水溅在托莱侯爵的头上所导致的。

瓦西大屠杀和 30 年战争则是由于一个小男孩向格鲁伊斯公爵扔鹅卵石所引起的。

虽然我们只是普通人，基本上不会有因为一点小事而发动一场战争的可能，但我们肯定能使自己周围的人仅仅因为一些小事而不愉快。所以一定要记住，一个人的心胸有多大，他就会为多大的事情而发怒。

记住这些名人名言

莎士比亚："赞美是照在人心灵上的阳光；没有阳光，我们就不能生长。"

心理学家威廉姆·杰尔士："人性最深切的需求就是渴望别人的欣赏。"

丘吉尔："你要别人具有怎样的优点，你就要怎样去赞美他。"

爱默生："人生最美好的补偿之一，就是人们真诚地帮助别人，同时也帮助了自己。"

卡耐基："一个对自己的内心有完全支配能力的人，对他自己有权获得的任何其他东西也会有支配能力。"

成功学专家曾列举了一些有重要意义的提示语，以供参考：

如果相信自己能够做到，你就能够做到。

在我生活的每一方面，都一天天变得越来越好。

一切从现在开始做起。

不论我以前是什么人，或者现在是什么人，只要我用积极的心态去行动，我就能变成我想做的人。

我觉得健康，我觉得快乐，我觉得好得不得了。

乘客的智慧

在底特律生活时，每天早上，成功学专家都会搭公共汽车上班。有位脾气暴躁的司机，他根本不理会只差几秒钟就可以赶上的乘客，这位"司机老爷"总是加快油门，扬长而去。成功学专家见过这种情形几十次，甚至几百次。但是有一天，他发现有一位乘客得到了这位司机的特别关照，不论在什么情况下，这位司机一定会等他上车。

原因在哪里呢？原来，为了使司机觉得自己很重要，这位乘客想了一些办法。每天早上，他都会跟司机打个招呼，说声："先生，早安。"坐在司机旁边时，他会说些使司机觉得自己很重要但却无关痛痒的话。

这些话恰恰能够培养司机积极的心态，让他觉得心情很好，所以工作服务也会周到起来。

自信心的巨大能量

具有自信的里根

虽然只是一个演员，里根却立志要当总统。

罗纳德·里根在 22 岁到 54 岁之间，从电台体育播音员干到了好莱坞的电影明星。从政，对于他来说完全是陌生的，没有什么经验可谈，因为他的整个青年到中年的岁月都陷在文艺圈内。如果里根想涉足政坛，这一现实无疑成为了一大拦路虎。然而，当保守派和共和党内的一些富豪竭力怂恿他竞选加州州长时，里根觉得机会来了。他毅然决定放弃影视——这个他大半辈子赖以为生的职业。

当然，毕竟信心只是一种精神力量，它只能起到自我激励的作用。一旦它失去了依托，离开了自己所依据的条件，就难以变希望为现实。大凡想有所作为的人，都只有脚踏实地，远行的路才能从他的脚下踏出来。正如里根要改变自己的生活道路那样，这是与他的知识、能力、经历、胆识分不开的，而并非他的突发奇想。里根角逐政界的信心是通过两件事树立起来的。

里根的两件事情

一件事是通用电气公司聘请他做电视节目主持人。里根用心良苦，花大量时间在各个分厂巡回，广泛接触工厂中的管理人员和工人，目的就是为了办好这个遍布全美各地的大型联合企业的电视节目，使普遍存在的工人情绪低落的状况通过电视宣传得以改变。这也使得他有大量机会全面了解社会的政治、经济情况，认识社会各界人士。从职工收入、工厂生产、社会福利到政府与企业的关系、税收政策等，人们什么话都告诉他。

通过节目主持人的身份将这些话题消化吸收后，里根把它们反映了出来。这些话题立刻引起了强烈的共鸣。为此，该公司董事长曾意味深长地对里根说："你将来一定会有所收获，只要你将这方面的经验、体会认真总结一下，为自己立下几条规则，然后身体力行地去做。"这番话无疑把弃影从政的种子深深地埋在了里根的心中。

另一件事是，在他加入共和党之后，利用演员身份在电视上发表了一次演讲，题为《可供选择的时代》，目的是帮助保守派头目募集资金，竞选议员。

由于出色的演讲才能，他的演讲大获成功，100万美元在演说后立即募集到了，以后又陆续收到了不少捐款，最后总数达600万美元。《纽约时报》称这次演说是美国竞选史上筹款最多的。一夜之间，在共和党保守派的心目中，里根成为了他们的最佳代言人，他的出色表现也引起了操纵政坛的幕后人物的注意。

里根与政治对手的差别

更令人振奋的消息这时候传来了。著名的电影明星、里根在好莱坞的好友乔治·墨菲与老牌政治家塞林格竞选加州议员，塞林格曾经担任过肯尼迪和约翰逊的新闻秘书。凭着38年的银幕舞台经验，乔治·墨菲在有着巨大政治实力差距的情况下唤起了早已熟悉他形象的老观众们的巨大热情，意外地大获全胜。原来，如果运用得当，演员的经历也会为争夺选票、赢得民众发挥积极作用，它不是从政的障碍。发现了这一秘密之后，里根便充分利用自己的优势——轮廓分明、五官端正的好莱坞"典型美男子"的风度和魅力；一批著名的影星、歌星、画家等艺术名流也被他邀请来助阵，在塑造形象上他下足了工夫。他的这一举措使共和党竞选活动大放异彩、别开生面，吸引了众多观众。

然而在里根的对手布朗这位多年来一直担任加州州长的老政治家的眼中，这一切却只不过是"二流戏子"的滑稽表演。他认为，无论如何里根的政治形象还只是一个稚嫩的婴儿，不管他的外部形象怎样光辉。于是他抓住这一点，攻击里根毫无政治经验。殊不知里根却顺水推舟，干脆以一个诚实热心、纯朴无华的"平民政治家"形象出现。里根固然没有从政的经历，但有从政经历的布朗却有很多的失误，给人留下了把柄，这一切成就了里根的辉煌。

海伦的奋斗史

刚出生时，海伦能听、能看，也会咿呀学语，是一个正常的婴孩。可是，在她才19个月大的时候，一场疾病却使她变成了又聋又瞎的小哑巴。

小海伦因生理的剧变性情大变。她简直就是个令人讨厌的

"小暴君"：一遇到不顺心的事，她就会乱敲乱打，野蛮地用双手抓食物塞入口中；如果有人试图纠正她，她就会呀呀乱叫，并且在地上打滚。绝望之余，父母只好将她送至波士顿的一所盲人学校，特别聘请了一位老师照顾她。

所幸的是，在无边的黑暗中，小海伦遇到了安妮·沙莉文女士——一位伟大的光明天使。沙莉文也有着不幸的经历。10岁时，她和弟弟一起被送进麻省孤儿院，整个童年都是在孤儿院里度过的。由于房屋紧缺，幼小的姐弟俩只好住进放置尸体的太平间。她的弟弟在卫生条件极差的环境中，6个月后就夭折了。在14岁的时候，她也得了眼疾，几乎失明。后来，她被送到帕金斯盲人学校学习盲文，于是便成为了海伦的家庭教师。

沙莉文女士从此就与这个遭受三重痛苦的姑娘开始了斗争。沙莉文女士必须一边和她格斗，一边教她洗脸、梳头、用刀叉吃饭。面对严格的教育，固执己见的海伦全力反抗着，她不停地哭喊、怪叫。然而，在一个月后，沙莉文女士竟和生活在绝对沉默、完全黑暗世界里的海伦取得了很好的沟通。她是怎么做到的呢？信心与爱心是取得成功与重塑命运的工具——这就是答案之所在。

海伦·凯勒所著的《我的一生》一书，对这件事有一段深刻的、感人肺腑的描写：一位没有多少"教学经验"的年轻的复明者，将惊人的信心与无比的爱心倾注在一位全聋全哑的小女孩身上——先以潜意识的沟通和身体接触的方式为她们的心灵搭起一座桥；接着，让小海伦的心里产生了自爱与自信，从而从痛苦的孤独地狱中走了出来，并通过自我奋发，无限发挥潜意识的能量，最终走向了光明。

就是这样，用爱心和信心作为"药方"，两人手携手、心连心，经过一段不足为外人道的挣扎，沙莉文把海伦沉睡的意识唤醒了。当语言被一个既聋又哑且盲的少女初次领悟到时，那种令人感动的情景是难以形容的。

海伦和外界的沟通

"在我初次领悟到语言的存在的那天晚上，我兴奋不已地躺在床上，第一次，我希望天亮——我想我当时的喜悦再没其他人可以感觉到吧！"海伦曾写道。

海伦学会了与外界沟通——用指尖的触觉去代替眼和耳，虽然她仍然是失明的，仍然是聋哑的。10多岁时，她成为了残疾人士的模范，她的名字就已传遍全美。

海伦最开心的一天是1893年5月8日，这也是电话发明者贝尔博士值得纪念的一天。在这一天，作为成功人士的贝尔博士成立了他那著名的国际聋人教育基金会，而为会址奠基的正是13岁的小海伦。

成名后，20岁的小海伦继续孜孜不倦地接受教育，她并未自满。这个学会了盲文、手语及发声，并通过这些手段成为了超过常人的姑娘，1899年海伦进入哈佛大学拉德克利夫学院学习。"我已经不是哑巴了！"这是她说出的第一句话。发觉自己的努力没有白费的她异常兴奋，不断地重复说："我已经不是哑巴了！"作为世界上第一个接受大学教育的盲聋哑人，4年后她以优异的成绩毕业了。

不仅学会了说话，海伦还学会了用打字机写稿和著书。她读过的书比视力正常的人还多，虽然她是个盲聋哑人；而且，她比"正常人"更会鉴赏音乐；不仅如此，她还写了7本书。

海伦·凯勒是一个"造命人"，她战胜了常人"无法克服"的残疾。全世界都赞赏她，为她的事迹而震惊。她大学毕业那年，在圣路易博览会上，人们设立了"海伦·凯勒日"。她始终充满热忱，对生命充满信心。她喜欢划船、游泳、在森林中骑马；她喜欢用扑克牌算命和下棋；在下雨的日子，她就以编织来消磨时间。

虽身有重度残疾，但海伦·凯勒终于战胜了自己，体现了自身的价值，她凭的是她那坚定的信念。她虽然没有成为政界伟人，也没有发大财，但是，她取得了比政客、富人还要大的成就。

第二次世界大战后，为了唤起社会大众对身体残疾者的关注，她在欧洲、亚洲、非洲各地巡回演讲。海伦·凯勒被《大英百科全书》称颂为有史以来残疾人士中最有成就的代表人物。

"19 世纪中，最值得一提的人物是拿破仑和海伦·凯勒。"美国作家马克·吐温评价说。

意志的主宰——恐惧，自信的绊脚石——自卑

心态的差异

自卑是一种消极的自我评价或自我意识，即个体因认为自己在某些方面不如他人而产生的消极情感。自卑感就是个体对自己的能力、品质评价偏低的一种消极的自我意识。生活在自卑感阴影下的人总认为自己事事不如人，他们自惭形秽、丧失信心，进而悲观失望、不思进取。一个人若被自卑感控制，其精神世界将会受到严重的影响，聪明才智和创造力也会因为受到束缚而无法正常发挥作用。所以，自卑是束缚创造力的一条绳索。

1951 年，在英国，从拍得极好的 DNA（脱氧核糖核酸）的 X 射线衍射照片上，富兰克林发现了 DNA 的螺旋结构之后，她就这一发现发表了一次演讲。然而很可惜，她却放弃了这个假说，因为她生性自卑，又怀疑自己的假说是错误的。在富兰克林之后，科学家沃森和克里克于 1953 年也从照片上发现了 DNA 的螺旋结构，于是他们将 DNA 双螺旋结构的假说提了出来，这标志着生物时代的到来。因为他们的这项巨大贡献，二人获得了 1962 年度的诺贝尔医学奖。可想而知，如果富兰克林不自卑的话，坚信自己的假说，进一步进行深入研究，她的名

字肯定会因为这个伟大的发现而载入史册。可见，一个人如果做了自卑情绪的俘虏，将很难有所作为。

3个孩子初次到动物园的故事

在恐惧的控制下，是不可能取得任何有价值的成就的。有一位哲学家写道："恐惧是意志的地牢，它跑进去，躲藏起来，企图在里面隐居。恐惧带来迷信，而迷信是一把短剑，伪善者用它来刺杀灵魂。"

成功学专家曾经讲述过3个孩子初次到动物园的故事：

"当他们（3个孩子）站在狮子笼面前时，都躲在母亲的背后。第一个孩子全身发抖地说道：'我要回家。'第二个孩子站在原地，脸色苍白，他用颤抖的声音说道：'我一点都不怕。'第三个孩子目不转睛地盯着狮子，问他的妈妈：'我能不能向它吐口水？'事实上，这3个孩子都已经感到自己所处的劣势了，但是依照自己的生活样式，每个人各自的感觉都被他们用自己的方法表现出来了。"

贝利的故事

世界上众多足球迷对球王贝利的名声早已有所耳闻，但是，许多人肯定会觉得不可思议——这位大名鼎鼎的超级球星曾是一个自卑的胆小鬼。

时间倒退几十年，当贝利得知自己已入选巴西最有名气的桑托斯足球队时，竟然紧张得一夜都睡不着觉。那时的贝利可一点也不潇洒。他翻来覆去地想着：我会被那些著名球星笑话吗？那样尴尬的情形万一发生了，我有脸回来见家人和朋友吗？他甚至还无端猜测：那些大球星肯定也不过是想用我的笨拙和愚昧来衬托他们绝妙的球技，即使他们愿意与我踢球。如果在球场上我被他们当做戏弄的对象，然后被当做白痴打发回家，我该怎么办？怎么办？

因为贝利根本就缺乏自信，所以他寝食难安，他的内心有一种前所未有的怀疑和恐惧。

　　贝利分明是同龄人中的佼佼者，但他却不敢相信渴求已久的现实，而情愿沉浸于希望之中，这一切全都是因为他的忧虑和自卑。这么一个当初心理素质非常脆弱、优柔寡断的自卑者，后来竟成为了世界足坛上叱咤风云、称雄多年、以锐不可当的气势踢进了 1000 多个球的一代球王。这一切真是不可思议。

　　在身不由己的情况下，贝利终于来到了桑托斯足球队，当时他的那种紧张和恐惧的心情简直没法形容。"我在正式练球开始的时候已吓得几乎快要瘫痪了。"他就是这样走进一支著名球队的。按照他原来的预想，刚进球队，教练也只不过会让他练练传球、盘球什么的，然后便肯定会当板凳队员。哪知第一次教练就让他上场，不仅如此，还把主力中锋这么重要的位置交给他。贝利紧张得半天都没回过神来，他的双腿像没有长在自己身上似的，每次球滚到他身边，他都觉得好像是别人的拳头向他击过来。他在这样的情况下几乎是被硬逼着上场的。但是一旦当他迈开双腿不顾一切地奔跑在场上的时候，跟谁在踢球，甚至连自己的存在他都渐渐忘记了，习惯性地接球、盘球和传球是他唯一记得的事情。在快要结束训练时，他以为又是在故乡的球场上练球，而已经忘了自己是在桑托斯球队训练……那些使他深感畏惧的足球明星对他相当友善，其实并没有一个人轻视他。如果拥有稍微强一些的自信心，贝利也不至于受那么多的精神煎熬。

　　问题在于，贝利从小就自视太高，自尊心太强。正因为他把自己看得太重，所以他产生了紧张和自卑的情绪。他以极苛刻的标准来考虑别人将如何看待自己，这样的做法又怎能不导致怯懦和自卑呢？而自卑的人本身所具有的活力和天赋会被极度的压抑所淹没。

　　贝利克服紧张情绪、战胜自卑心理的法宝正是忘掉自我，专注于足球，保持一种泰然自若的心态。

第二课　肯定自己，树立成功心态

最重要的人是自己

福勒为致富而拼搏

福勒是美国路易斯安那州一个黑人佃农7个孩子中的一个。他在5岁时开始劳动，在9岁时就以赶骡子为生。

小福勒有一点同他的朋友们不同：他有一位不平常的母亲。他的母亲不肯接受这种仅够糊口的生活。她知道在她贫困家庭周围有着许多富裕家庭，她认为这不对劲。所以，她时常同儿子谈论她的梦想："福勒，我们不应该贫穷。我不想听你说，我们的贫穷是上帝的意愿。其实我们的贫穷与上帝无关，而是因为你的父亲从来就没有产生过致富的愿望，我们家庭中的任何人都没有产生过出人头地的想法。"

"没有人产生过致富的愿望。"这句话深深地烙印在了福勒的脑海中，并改变了他的一生。他开始想走上致富之路，他总是把他所需要的想法放在心中，而把不需要的东西抛到九霄云外。这样，他的致富的愿望就像火花一样迸发了出来。

他决定把经商作为生财的一条捷径，经考察，最后选定经营肥皂。于是他就挨家挨户推销肥皂达12年之久。后来他获悉供应他肥皂的那个公司即将以15万美元的价格拍卖出售。他在经营肥皂的12年中一点一滴地积蓄了2.5万美元。双方达成了协议：他先交 2.5 万美元的保证金，然后在 10 天的限期内付清剩下的 12.5 万美元。协议规定，如果他不能在 10 天内筹齐这笔款子，他就要丧失他所交付的保证金。

福勒在他当肥皂商的 12 年中，获得了许多商人的尊敬和赞赏。现在，他得去找他们帮忙了。他从有私交的朋友那里借了一些钱，也从信贷公司和投资集团得到了援助。在第 10 天的前夜，他筹集了 11.5 万美元，也就是说，还差 1 万美元。

福勒回忆说："当时我已经用尽了我所知道的一切贷款来源。那时已是沉沉深夜，我在幽暗的房间里跪下来祷告，我祈求上帝领我去见一个可以及时借给我 1 万美元的人。我自言自语地说：'我要驱车走遍第 61 号大街，直到我在一栋商业大楼里看到第一道灯光。'"

福勒如何抓住这道灯光

夜里 11 点钟，福勒驱车沿芝加哥 61 号大街行驶。驶过几个街区后，他看见一所承包商事务所亮着灯光。他走了进去。在那里，在一张写字台旁，坐着一个因深夜工作而疲乏不堪的人，福勒觉得他有些面熟。福勒意识到自己必须勇敢些。

"你想赚 1000 美元吗？"福勒直截了当地问道。

这句话让这位承包商高兴地站了起来。"是呀，当然！""那么，给我开一张 1 万美元的支票。当我奉还这笔借款时，我将另付 1000 美元利息。"福勒对那个人说。他把其他借款人的名单给这位承包商看，并且详细地解释了这次商业冒险的情况。那天夜里，在离开这个事务所时，福勒的衣袋里已装了一张 1 万美元的支票。

此后，经过他的努力奋斗，他在另外 7 个公司——包括 4 个化妆品公司、一个袜类贸易公司、一个标签公司和一个报馆——获得了控制权。

福勒随身带着一个隐形的护身符，这个护身符的一边印着"积极的心态"5 个字，另一边印着"消极的心态"5 个字。他把"积极的心态"这一面翻到上面，令人吃惊的事便发生了——他竟然把从前仅仅是梦想的东西变成了现实。

在这里要注意的是，福勒开始谋生时所具有的有利条件比我们大多数人所具有的要少得多。但是他选择了一个很大的目标，并且奋力向这个目标前进。对你说来，不论成功是否意味着像福勒那样去致富，是否发现一种新的化学元素，或创作一首歌曲、种植一种玫瑰花、教养一个优秀孩子……不论成功对你意味着什么，那个在一边装饰着"积极的心态"的护身符，都能够帮助你达到成功。

积极的亨利·恺撒

亨利·恺撒是一个真正成功的人，这不仅是由于使用他的名字的几个公司拥有10亿美元以上的资产，而且是由于他的慷慨和仁慈，使许多不会说话的人会说话了，许多跛者过上了正常人的生活，更多的人以很低的费用得到了治疗。所有这一切都是由恺撒的母亲在他的心田里所播下的种子生长出来的。

玛丽·恺撒给了她的儿子亨利无价的礼物——教他如何实现人生最伟大的价值。

玛丽在工作一天之后，总是花费一定的时间做义务保姆工作，帮助不幸的人们。她常常对儿子说："亨利，不从事劳动就不能完成什么事情。如果我什么也不遗留给你，只留给你劳动的意志，那么，我就给你留下了无价的礼物：劳动的欢乐。"

亨利说："我的母亲最先教给我对人的热爱和为他人服务的重要性。她经常说，热爱人和为人服务是人生中最有价值的事"。

亨利·恺撒深知积极心态的力量。在第二次世界大战中，他建造了1500多艘船，其造船速度震动了世界。

当时他曾说："我们每10天能建造一艘'自由轮'。"专家说："这是不可能的。"然而，亨利做到了。那些相信他们只能排斥积极性的人，使用了他们法宝的消极面；那些相信他们能排除消极性的人，使用了他们法宝的积极面。

做自己的世界的主宰

"生来"就是冠军

"停下来去考虑你自己的事吧。"遗传进化学家谢菲尔德说，"在整个世界史中，没有任何别的人会跟你一模一样；在将要到来的全部无限的时间中，也绝不会有像你一样的另一个人"。

你是很独特的。为了你的诞生，产生了激烈的竞争，它们必须以成功告终。想想吧：数以亿计的精子细胞参加了规模巨大的战斗，然而其中只有一个赢得了胜利——就是形成你的那一个！

这是一次大规模的赛跑，而目标就是包含一个微核的宝贵的卵。这个为精虫所争夺的目标比针尖还要小，而每个精虫也小得要被放大几千倍才能为肉眼所见。然而，你的生命中最具决定性的战斗就是在这么微小的场合中进行的。

数以百万计的每一个精虫的头部，都包含一个宝贵的负载，它由 24 个染色体所构成，正如同卵的微核包含 24 个染色体一样。精虫中的染色体所包含的全部遗传物质和倾向，是由你的父亲和他的祖先所提供的；卵核中的染色体所包含的全部遗传物质和倾向则是由你的母亲和她的祖先所提供的。你的母亲和父亲本身代表着 20 多亿年来为生存而战斗的胜利的极点。于是，一个特殊的精虫——最快、最健康的优胜者，同等待着的卵结合起来，形成一个微小的活细胞。

人的生命就此开始。你已经是一名冠军，你从过去巨大的积蓄中继承了你所需要的一切潜在的力量和能力，而这有助于你达到你的目的。

相信你自己吧！你生来便是一名冠军，现在无论有什么障碍和困难出现在你的道路上，都还不及你在成胎时所克服的障碍和困难的 1/10 那么大哩！

包克如何成了一个编辑

爱德华·包克是《妇女家庭》杂志的编辑。包克小时候就有一个梦想：总有一天，他要创办一份自己的杂志。由于树立了一个明确的目标，他不放过任何一个机会，哪怕这个机会实在微不足道，以致我们大多数人都会任其过去，不屑理睬。

有一次，他看见一个人打开一包纸烟，从中抽出一张字条，随手把它扔到地上。包克弯下腰拾起这张字条，见那上面印着一个著名女演员的照片，在照片下面还印有一句话：这是一组照片中的一幅。原来，这是烟草公司为了促销而发布的一组照片。

包克把这张纸片翻过来，注意到它的背面竟然是完全空白的。

包克灵机一动，在等待机会的他感到机会来临了。他推断：如果把附装在烟盒子里那张印有照片的纸片充分利用起来，在它空白的那一面印上照片上的人物的小传，这种照片的价值就可大大提高。于是，他就走到印刷这种纸烟附件的平版画公司，向这个公司的经理说出了他的想法。这位经理立即说道："如果你给我写 100 位美国名人小传，每篇 100 字，我将每篇付给你10 美元。请你给我送来一张名人的名单，并把它分类，你知道，可分为总统、将帅、演员、作家，等等。"

包克果然抓住了机会。他的小传需求量与日俱增，以至他得请人帮忙。于是他请来他的弟弟帮忙，如果弟弟愿意，他就每篇付给他 5 美元。不久，包克还请了 5 名新闻记者帮忙写小传，以供应一些平版画印刷厂。包克竟然就这样成功了。

库柏如何从自卑到积极

库柏自小贫穷，他的父亲是一个移民，以做裁缝为生，收入微薄。为了取暖，库柏常常拿着一个煤桶到附近的铁路去拾煤块。

库柏为此感到困窘不已，他常常从后街溜进溜出，以免被其他从学校出来的孩子们看见。但是天不遂人愿，一伙孩子还是注意到了他。他们埋伏在库柏从铁路回家的路上袭击他，以此取乐。他们常把他的煤渣撒遍街上，使他流着眼泪回家。

改变库柏的是一本书，这就是荷拉修·阿尔杰著的《罗伯特的奋斗》。因为读了这本书，库柏的内心受到了鼓舞，转而积极起来。

在这本书里，库柏读到了一个像他那样的少年的奋斗故事。那个少年遭遇了巨大的不幸，但是他以勇气和道德的力量战胜了它们。库柏也希望具有这种勇气和力量，于是他读了他所能借到的每一本荷拉修的书。整个冬天，他都坐在寒冷的厨房里阅读勇敢和成功的故事，不知不觉心态也变得积极起来。

读完《罗伯特的奋斗》几个月后，库柏又到铁路去捡煤。远远的，他看见3个人影在一个房子的后面飞奔。他最初的想法是转身就跑，但很快他记起了他所钦羡的书中主人公的勇敢精神，于是他把煤桶握得更紧，一直向前大步走去，犹如荷拉修书中的一个英雄。

这是一场恶战，3个男孩一起冲向库柏。库柏丢开铁桶，坚强地挥动双臂抵抗，这使得3个恃强凌弱的孩子大吃一惊。库柏的右手猛击到一个孩子的嘴唇和鼻子上，左手猛击到这个孩子的胃部，这个孩子便停止打架，转身跑了。这让库柏自己都大吃一惊。这时，另外两个孩子还在对他拳打脚踢。库柏推走了其中一个，把另一个打倒，用膝部猛击他，而且发疯似的连击他的胃部和下颌。剩下的那个突然袭击库柏的头部。库柏设法站稳脚跟，并把他拖到一边。这两个孩子站着，相互凝视了一会儿，最后那个孩子一点一点地向后退，终于也溜了。库柏拾起一块煤掷向那个退却者，表示正义的愤慨。直到那时库柏才知道他的鼻子在流血，他的周身由于受到拳打脚踢，已变得青一块紫一块了。可这是值得的啊！在库柏的一生中，这一天是一个重大的日子。因为，他克服了恐惧。

罗伯特·克里斯托弗环游世界

像许多孩子一样，当罗伯特阅读儒勒·凡尔纳动人的幻想故事《80天环游世界》时，他的想象力被激发了。"别人能用80天环绕世界一周，现在，我为什么不能用80美元周游世界呢？"于是，罗伯特就从他的衣袋里拿出自来水笔，在一张便条上开列了一个他可能要面临的问题表，并记下解决每个问题的办法。

当他最后作出了决定时，他就行动起来：

（1）和大药物公司查尔斯·菲兹签订了一个合同，保证为他提供他所要旅行的国家的土壤样品。

（2）获得了一张国际司机执照和一套地图，而以保证提供关于中东道路情况的报告作为回报。

（3）设法找到了海员文件。

（4）获得了纽约警察局开的关于他无犯罪记录的证明。

（5）准备了一个青年旅游招待所会籍。

（6）与一个货运航空公司达成协议，该公司同意他搭飞机越过大西洋，只要他答应拍摄照片供公司宣传之用。

当这个26岁的青年完成了上述计划时，他就在衣袋里装了80美元，乘飞机离开了纽约市。他此行的目的是用80美元周游世界，下面是他的一些经历：

（1）在加拿大的纽芬兰岛甘德城吃了早餐。他是怎样付餐费的呢？他给厨房的炊事员照了相。他们都很高兴。

（2）在爱尔兰的珊龙市花4.80美元买了4条美国纸烟。那时，在许多国家，纸烟能像纸币一样使用。

（3）从巴黎到了维也纳，费用是给司机一条纸烟。

（4）从维也纳乘火车，越过阿尔卑斯山到达瑞士，他给了列车员4包烟。

（5）乘公共汽车到达叙利亚的首都大马士革。罗伯特给叙利亚的一位警察照了相。这位警察为此感到十分自豪，便命令一辆公共汽车免费为他服务。

（6）给伊拉克的特快运输公司的经理和职员照了一张相。这使他从伊拉克首都巴格达到了伊朗首都德黑兰。

（7）在曼谷，一家极豪华的旅社主人把他当国王一样招待，因为罗伯特提供了那个主人所需要的信息——一个特殊地区的详细情况和一套地图。

（8）作为"飞行浪花"号轮船的一名水手，他从日本到了旧金山。

用80天周游了世界吗？不，罗伯特·克里斯托弗用84天周游了世界。但他的确达到了目的——用80美元周游世界。

正确的人，正确的世界

这是一个牧师讲述的故事：星期六的早晨，他正在准备他唠叨的讲道，妻子出去买东西了。那天在下雨，他的小儿子吵闹不休，令人心烦。最后，失望的牧师拾起一本旧杂志，一页一页地翻阅，直到翻到一幅色彩鲜艳的大图画——一幅世界地图。他就从那本杂志上撕下它，然后把它撕成碎片，丢在起坐间的地上，说道："小约翰，如果你能拼合这些碎片，我就给你2角5分钱。"牧师以为这件事会使约翰花费大半天的时间，但是没过10分钟，就有人敲他的房门——是他的儿子。牧师惊愕万分，约翰竟如此之快地拼好了一幅世界地图。

"孩子，你怎么能把这件事做得这样快？"牧师问道。

"啊，"小约翰说，"这很容易。在另一面有一个人的照片，我就把这个人的照片拼到一起，然后把它翻过来。我想，如果这个人是正确的，那么，这个世界也就是正确的。"

牧师微笑起来，给了儿子2角5分钱。"你也替我准备好了明天的讲道。"他说，"如果一个人是正确的，他的世界也就会是正确的。"

琼斯的故事

琼斯在美国威斯康星州麦迪逊附近经营一个小农场，但他的日子并不好过，他好像不能使他的农场生产出比他的家庭所需要的多得多的产品。这样的生活年复一年地过着，直到一件事把一切都改变了。

琼斯患了全身麻痹症，卧床不起。他已处于晚年，几乎失去了生活能力。他的亲戚们都确信：他将成为一个永远失去希望、失去幸福的病人，他可能再不会有什么作为了。然而，琼斯创造了奇迹，他为自己带来了财富和幸福。

琼斯是用什么方法创造了这种变化的呢？他应用了他的心理。是的，他的身体是麻痹了，但是他的心理并未受到影响。他能思考，而且确实在思考、在计划。有一天，正当他致力于思考和计划时，他认识了那个最重要的法宝。他作出了自己的决定。

他把他的计划讲给家人听："我再不能用我的手劳动了，所以我决定用我的心理从事劳动。如果你们愿意的话，你们每个人都可以代替我的手、足和身体。让我们把农场每一亩可耕地都种上玉米，然后我们就养猪，用所收的玉米喂猪。当我们的猪还幼小、肉嫩时，我们就把它宰掉，做成香肠，然后把香肠包装起来，用一种牌子出售。我们可以在全国各地的零售店出售这种香肠。"他低声轻笑，接着说道："这种香肠将像热糕点一样出售。"

这种香肠确实像热糕点一样出售了！几年后，"琼斯仔猪香肠"竟成了家喻户晓的品牌，成了最能吊起人们胃口的食品。而琼斯最终成了百万富翁。

照片的意义

美国中西部一个国际性公司的总经理在视察他的旧金山办事处时，注意到一个名叫多萝西·琼斯的私人秘书的办公室里，挂着他本人的大幅照片。

"多萝西小姐，在这么小的房间里，这张照片不显得太大了些吗？"他问道。

多萝西答道："当我有了一个问题时，你知道我做什么吗？"她没等回答，就做出了一个姿势：两肘放在写字台上，两只手叠在一起支撑着她的头，眼睛向上看着照片，嘴里说："老板，你想怎样解决这个鬼问题呢？"

多萝西的话似乎是很幽默的，然而她想法的实质是令人吃惊的。也许你在你的办公室、你的家庭或你的钱包里有一幅照片。这幅照片也许是你的母亲、父亲、妻子或丈夫，也许是富兰克林或林肯，也可能是一位圣哲。当你面临着一个严重的问题或决定时，你可以向你的照片提一个问题，倾听它所给予的回答。你的照片可以给你生活中的重要问题提供正确的答案。

不要被内心的阴暗所干扰

数学家的故事

公元前 31 年，一位住在爱琴海海滨某个城市的哲学家想要到迦太基去。他是一位逻辑学教师，他因此冥思苦想。赞成和反对这次航海各有不同的理由，结果他发现，他不应当去的理由比应当去的理由更多：他可能晕船；船很小，风暴可能危及他的生命；海盗乘着快艇正在海上等待着捕获商船，如果他的船被他们捕捉到了，他们就会拿走他的东西，并把他当奴隶卖掉。这些判断表明他不可以进行这次旅行。

但是，他还是去旅行了。为什么？因为他想，事情往往是这样的：在每个人的生活中，情绪和推理都应该是平衡的，其中任何一种都不能总是处于控制地位。你所想要做的事，尽管在推理上有些恐惧，但好的方面也总是会存在的。至于这位哲学家，他作了一次最愉快的旅行，最后安全归来。

苏格拉底的爱情

伟大的古希腊哲学家苏格拉底年轻时爱上了赞西佩。她很美丽，而他长得其貌不扬。但苏格拉底有说服力，有说服力的人似乎有能力获得他所想要的东西，苏格拉底就成功地说服赞西佩嫁给了他。

然而，度过蜜月之后，苏格拉底过得并非很好。他的妻子开始看到他的缺点，他也看到了她的缺点。据称，苏格拉底曾说："我的生活目的是和人们融洽相处。我选择赞西佩，是因为我知道，如果我能和她融洽相处，我就能和任何人融洽相处。"

那就是他所说的话，但是他的行为却不是那样的。问题在于：他力图和许多人而不是少数人融洽相处。当你像苏格拉底那样，总是试图证明你所遇到的人都是错的，你就是在排斥而不是吸引人们。

然而，他说他忍受赞西佩的唠叨责骂，是为了他的自我控制。但他如果要发展真正的自我控制，可取的道路是努力了解他的妻子，并用他当年说服她嫁给他那样的体谅、关心以及爱去影响她。他没有看见自己眼中的"横梁"，却看到了赞西佩眼中的"微尘"。

当然，赞西佩也不是无可指责的。苏格拉底和她正像今天许多的丈夫和妻子一样。过去他们使用令人愉快的个性和心态，以至他们的求爱时期成了十分幸福的经历。后来他们却忽略了继续使用这种个性和心态——忽略也是一种心理蛛网。

那时苏格拉底没有读过本书，赞西佩也没有。如果她读了本书，她就该懂得如何去激励她的丈夫，以使得他们的家庭生活幸福。她可能会控制住自己的情绪，并且细腻地体贴丈夫。

年轻人为什么去参加培训班

有个年轻人参加了"成功学——积极的心态"学习班。第一天晚上，老师就问他："你为什么要参加这个学习班呢？"

"由于我的妻子！"他答道。许多学生笑了，但是教师却没有笑。他从经验中知道，有许多不愉快的家庭是由于夫妇一方只看到对方的过失，而看不到自己的过失。

4个星期以后，在一次私人谈话中，教师询问这位学生：

"现在你的问题处理的怎么样了？"

"我的那个问题已经解决了。"

"那就太好了！你是怎样解决的呢？"

"我学会了当我可能和别人产生误会时，首先从检查自己开始。我检查了我的心态，发现那都是些消极的东西。可见我的问题并非真正是由妻子引起的，而是由我自己引起的。解决了我的问题，我对她就不再有问题了。"

9 岁男孩的谎言

一个9岁男孩的叔叔暂住在这孩子的家里。一天晚上，当男孩的父亲回到家的时候，他们进行了下面的一段对话：

"你认为一个说谎的孩子怎么样？"

"我不会喜欢他的。不过，我知道我的儿子说真话，这是千真万确的。"

"可他今天说了谎。"

"儿子，你今天对叔叔说了谎吗？"爸爸问儿子。

"没有，爸爸。"

"让我们把这件事澄清一下。你的叔叔说你说了谎，你说你没有。你老实说，究竟发生了什么事情？"父亲问道，然后转向孩子的叔叔。

"好！我要他把他的玩具拿到底层去。他没有做这件事，而他告诉我他做了。"叔叔说。

"儿子，你把你的玩具拿到底层了吗？"

"是的，父亲。"

"儿子，你的叔叔说你没有把你的玩具拿到底层，你说你拿去了。你怎样解释这件事呢？"

"从第一层到底层有若干台阶。向下 4 个台阶便是一个窗户，我把玩具放在窗槛上。'底层'就是地板和天花板之间的距离，所以我的玩具是在'底层'!"

叔叔和侄子彼此争论"底层"这个词的定义。这个孩子或许懂得他的叔父指的是什么，但是他很懒，根本不想走完从楼上到楼下的这段距离。当孩子面临着惩罚的时候，他企图使用逻辑来证明自己的论点，以拯救自己。

蛙腿的故事

杰克小时候很喜欢吃青蛙腿。但有一天在一家餐馆里，服务员给他端来了一盘味道不佳的粗大的青蛙腿。从那以后，他就不再喜欢吃它了。

几年以后，杰克在肯塔基州东北的路易斯维尔城的一个高级餐厅的菜单上看到了青蛙腿，他就同服务员谈了起来：

"这些是小青蛙腿吗?"

"是的，先生。"

"你有把握吗? 我不喜欢大青蛙腿。"

"是的，先生!"

"如果它们是小青蛙腿，那就十分合我的口味。"

"是的，先生!"

当服务员上这道正菜时，他看见的仍是粗大的蛙腿。杰克被激怒了，他说："这些不是小蛙腿!"

"这些是我们所能找到的最小的蛙腿，先生。"服务员答道。

现在，杰克宁愿吃这种蛙腿。他说："我甚至非常喜爱这种蛙腿，并愿它们更大些。"

"需要"的重要性

下面要谈到一个犯人的情况，请把这个人同抱有消极态度的其他成千上万的犯人作一下对比——他们由于偷盗、侵吞或其他罪恶而被监禁。当你问他们为什么要偷窃时，他们的回答一致是："我不得不这样。"他们允许自己不诚实，是因为他们思想中的蛛网使得他们相信"需要"迫使一个人变得不诚实。

几年前，拿破仑·希尔在佐治亚州首府亚特兰大市联邦监狱里做过教育工作，那时他对一犯人阿尔·卡篷做过几次满怀信心的谈话。有一次，希尔问卡篷："你为什么会犯罪？"

卡篷只用一个词答道："需要。"

说完，他流出了眼泪，哽咽了。他开始叙述他所做过的一些好事，这些好事在报纸上从未讲到过。当然，这些好事同加在他头上的坏事比较起来，似乎就没有多大意义了。

这个不幸的人浪费了他的生命，破坏了自己的宁静，患了致命的"疾病"，拖垮了"健康的身体"，以致在他所走过的道路上撒下了恐怖和灾难——这一切都是由于他没有学会清除他思想上的"需要"蛛网所致。

卡篷谈他的善行，是为了暗示他的善行可以在很大程度上补偿他所做过的错事，这就清楚地表明了另一种蛛网在阻碍他进行正确的思考。一个罪犯要想抵消他的罪恶就只有真诚地忏悔，接着做一辈子的好事。遗憾的是，卡篷不是这样的人。

"问题儿童"

他是一个10多岁的"问题儿童"，然而他的母亲却不失望。即使许多特地为她的儿子祈祷的人似乎并没有得到任何回报，也不管她的儿子怎样胡作非为或如何恶劣，而她绝不失去信心。

一个10多岁的"问题儿童"不服从他的双亲和老师，说谎、欺诈、偷窃、赌博，自甘堕落。然而，由于他的母亲不断地热忱地恳求他改正卑劣行径，他终于发现了他自己。有时他认识到受教育不多的人还能抵制他认为自己无力抵制的引诱，便觉得羞耻，因为他是受了教育的。

他在对己的斗争中失败了许多次，但有一天他赢得了胜利。正在他悔恨期间，正当他痛心疾首地谴责自己的时候，有一次他无意中听到两个人在谈话，其中有一个声音说："振作起来读书！"

他就伸手拿起紧挨着自己的一本书，打开读道："让我们诚实地行事，并且要始终如一，而不是在暴乱和醉酒中，不是在禁闭和恣意胡为中，也不是在争吵和嫉妒中行事。"

常常会发生这样的情况：一个人在遭受严重的失败之后，他可能就在那时下了决心；他可能萌生热情和极为诚恳的悔意，以至于他一受到激励就立即采取行动，并通过坚毅的意志作出必要的改变，使他自己在完全胜利的道路上稳定地迈进。

这个青年作出了他的最终决定，他的心情就平静下来了。他认识了那些罪恶，也发展了深谋远虑的精神。他后来所取得的成就可以证明这一点。由于他明显的转变，人们认为他对于一般人甚至没前途的人都产生了最强有力的影响，并且给了他们无限的希望。他的名字是奥古斯丁（354—430 年，基督教会早期的领袖）。

运用强大的精神力量

轮船缘何相撞

这两艘船是由克拉玛依船长领航的多利亚号和由诺顿逊领航的斯德哥尔摩号，两艘船在离兰塔凯特岛 80 千米处的海面上相撞，导致 50 人死亡。当两船相距 16 千米时，斯德哥尔摩轮的雷达操作员说他看见了多利亚轮。

无独有偶，1959 年的一天，在距美国东部新泽西州海岸约 35 千米处，美德轮船公司豪华的班轮"桑塔·罗莎"与一艘油轮"威尔沁"号相撞，4 位水手死亡。二副威尔斯是"桑塔·罗莎"号上的雷达操作员，他声称他已经画出了威尔沁油轮的航道图。

人们调查了上述事件中造成两轮碰撞的真实原因，但都无法作出满意的解释。后来，一个叫做史莱德的人给出了答案。

史莱德是伊利诺伊州斯科基市人。他不但是催眠专家，而且还是无线电操作员和电子工程师。在第二次世界大战中，史莱德在"敌友信息系统"中扮演了重要角色。他的工作就是监督每一艘船只离开美国时是否装上了雷达设备。他注意到，雷达操作员有时会陷入恍惚状态中，而他们却一无所知。

由于懂得催眠术和电子学，史莱德得出了结论：当雷达的电波与操作员的脑波同时发生时，雷达操作员才能专心致志地工作。根据这个理论，他发明了脑电波同步器，从而防止了雷达操作员出现恍惚状态。

比尔从失败走向成功

19 岁时，比尔开办了一家皮革店，但不久就破产了。他不得不寻找新的经营方法。

一天，比尔在辛得立一条商业大街上悠闲漫步。他伫立在肉类市场的一个橱窗前仰望，灵感突然来临，那一瞬间他找到了激励自己的方法。他想起自己还是个孩子的时候，父亲曾经高声朗读过爱弥尔·柯艾的小册子《自我掌握——运用自觉的自动暗示》。他忽然想到，如果爱弥尔·柯艾成功地帮助个人运用自觉的自动暗示战胜了疾病、恢复了健康，那么，一个人自己也就能运用暗示获得财富或其他任何东西。

这就是比尔所说的"运用自动的暗示来致富"原理。

"在应用自动暗示的原则时，要把心力集中于某种既定的愿望上，直到那种愿望成为热烈的愿望。那次我从街上气喘吁吁地跑回家时，我立刻坐到饭厅的桌旁写道：'我确定的主要目的是到 1960 年成为百万富翁。'"比尔告诉他身边的人说："一个人应当把他所想要获得的金钱的数量规定得十分明确，并定下日期。我就这么做了。"

后来比尔获得了很大的成功。他成了著名的人物——受人尊敬的威廉·维·麦克考尔，是澳大利亚最年轻的国会议员，辛得立城可口可乐子公司前董事长。他完全是一个百万富翁了。

爱弥尔·柯艾的研究

爱弥尔·柯艾认识了自觉的自动暗示，因为他敢于探索人的心理。他是怎样发现和认识这个自然规律的呢？当爱弥尔·柯艾发现了他向自己提出的问题的答案时，他就发现了这个自然规律。他向自己所提的问题和答案是：

问题1：能影响医疗的暗示是医师的暗示呢，还是病人心理的暗示？

答案：病人的心理能下意识或有意识地作出暗示，他自己的心理和身体对此暗示能有反应。如果没有不自觉的或自觉的自动暗示，外部的暗示是无效的。

问题2：如果医师的暗示能激励病人的内部暗示，为什么病人不能对自己应用健康的积极暗示呢？为什么他不能抑制有害的消极暗示呢？

对于他的第二个问题，答案很快就得出了：任何人，甚至小孩，都能通过受教育去发展积极的心态。方法是重复积极的肯定语句，例如："一天天，在各方面，我过得越来越好。"

电影院的实验

故事的主角是广告，这是在新泽西州一家电影院所进行的一次实验。在这次实验中，广告信息迅速地在银幕上闪现，致使观众不能很好地看到它。在6个星期的实验期中，来戏院看戏的4万多人不知不觉中成了实验的对象。这个实验用特殊的方法，把两种产品的广告信息闪现在银幕上，肉眼却看不见它们。当6个星期过去以后，实验结果被列成了表：其中一种产品的销售量上升50%以上，另一种产品的销售量上升约20%。这些广告信息虽然是不可见的，但它们仍然对许多观众起了作用，因为虽然它们飞逝而过，不能被观众有意识地记在心中，但观念的下意识心理却充分吸收了这些印象。

这个实验证明了下意识心理能帮助人们达到某种目的。那么，如果把"一天天，在各方面，你正在变得越来越好！""只要是人的心理所能够设想和相信的东西，人就能用积极的心态去得到它！"等自我激励语句闪现在电影银幕上，当然它们也能很好地激励观众。

在生命边缘救了自己

澳大利亚昆斯兰省图屋姆巴市的拉尔夫·魏普纳运用心理力量把自己从死亡线上拉了回来。

那是一个午夜的 1 点 30 分，在医院的一间小屋里，两位女护士正在拉尔夫身旁守夜。头天下午 4 点半，拉尔夫的家人就接到了一个紧急电话——拉尔夫因为心脏病发作而处于昏迷状态。一家人赶到医院，待在外面走廊上。每个人的表情都很特殊，有的在担心，有的在祈祷。

在这间灯光暗淡的病房里，两位女护士紧张地工作着——每人各抓住拉尔夫的一只手腕，力图摸到脉搏的跳动。拉尔夫已经昏迷整整 6 个小时了，医生也把力所能及的事情做完，然后离开这里给别的病人看病去了。

尽管不能动弹，但是拉尔夫还有知觉，他能听见护士的声音。他听到一位护士激动地说："他停止呼吸了！你能摸到脉搏的跳动吗？"

回答是："没有。"

他反复听到如下的问题和回答："现在你能摸到脉搏的跳动吗？""没有。"

我其实很好，他想，但我必须告诉她们，无论如何我必须告诉她们。但是我怎么才能告诉她们这一点呢？

这时，他记起了他所学过的自我激励的语句：如果你相信你能够做这件事，你就能完成它。他试图睁开眼睛，但失败了，他的眼睑不肯听他的命令。事实上，他什么也感觉不到。然而他仍努力地睁开双眼，直到最后他听到这句话："我看见一只眼睛在动——他仍然活着！""我并不感觉到害怕，"拉尔夫后来说，"那是多么有趣啊！"

"一位护士向我叫道：'魏普纳先生，你还活着吗……'我闪动我的眼睑表示肯定，告诉她们我很好——我仍然在世。"

一段相当长的时间后，拉尔夫通过不断地努力睁开了一只眼睛，接着又睁开了另一只眼睛。恰好这时候医生回来了。医生和护士们以精湛的技术和坚强的毅力，使他起死回生了。

当拉尔夫处在死亡边缘时，他记起了他从成功学习班所学到的自动暗示。正是这种自动暗示拯救了他。

加一点，就成功

什么是"更多的东西"

曾经有个作者写了一首歌却无法得到发表，作曲家科亨将它买了下来，并加入了一些"更多的东西"，结果这首歌立刻受到欢迎并身价百倍。这"更多的东西"是什么呢？原来他仅仅加了 3 个词："Hip！Hip！Hooray！"（嗨！嗨！万岁！）

托马斯·爱迪生做了 1 万多次的实验，在每次失败之后，他都能不断地去寻求更多的东西，直至找到了他要寻找的东西。当他所不知的东西变成已知的东西时，钨丝灯泡就被制造出来了。

在莱特兄弟之前，许多发明家已经非常接近发明飞机了。莱特兄弟除了应用别人用过的同样的原理外，还加上了更多的东西。他们创造了一种新型的机体，把特别设计的可动的襟翼附加到翼边，使得飞行员能控制机翼，保持飞机平衡。这些襟翼是现代飞机副翼的先驱。所以，在别人失败了的地方，他们却成功了。

盖兹博士"坐思意念"

盖兹博士是一位在教育、学术和科学研究上卓有成就的学者，他的一生在艺术和科学等方面有几百种发明和发现。而这些发明创造都来自于他"坐思意念"的方法。

这天，希尔带着安德鲁·卡内基的介绍信去拜访盖兹博士。当他到达时，盖兹博士的秘书告诉他："我很抱歉，这时我没有权力让人去打扰盖兹博士。""你看，还要多长时间我才能见到他呢？"希尔问。"我不确定，可能要等 3 个小时。"她回答说。

"那你可否告诉我，现在为什么不能打扰他呢？"

她犹豫了一下，答道："他正在'坐思意念'哩！"

"'坐思意念'是什么意思？"

希尔不知道"坐思意念"是什么，所以他决定等待。过了一段时间，盖兹博士终于来到了这个房间。寒暄一番之后，博士问道："你乐意看看我静坐求索意念的地方以及我怎样静坐求索意念吗？"

他领希尔走进一间小小的隔音室。这个房间里仅有一张桌子和一把椅子，桌上放了几个笔记本、几支铅笔和一个用以开灯和关灯的按钮。盖兹博士解释说，当他得不到问题的答案时，他就走进这个房间，关门，落座，熄灯，高度集中思想，控制注意力，要求他的潜意识为他的特殊问题提供一个有效的答案。有时意念似乎很难出现，有时意念却会立即迸发。意念刚一出现，他就打开灯，将它记下。

盖兹博士完善了 200 多件专利品，原因就在于他能加上缺少的成分——"更多的东西"。他的方法是先检查这些专利品的使用情况和图样，直到发现它们的缺点，即所缺少的"更多的东西"。他常常在这个房间里集中思想以发现一个特殊难题的解法。盖兹博士在寻找"更多的东西"时，找到了集中思想来考虑问题的方法。他能用贯彻到底的积极行动去寻找他想要的东西。

贝尔发明了电话

在贝尔之前，就有许多人声称他们发明了电话。格雷、爱迪生、多尔拜尔、麦克多那夫、万戴尔威和雷斯都曾经有过发明电话的机会，雷斯是其中唯一接近成功的人。造成巨大差距的微小差别是一个螺钉。如果雷斯把一个螺钉转动 1/4 周，把间歇电流转换为等幅电流，那么他早就成功了——可是他并不知道这一点。

跟莱特兄弟的例子相仿，贝尔不过增加了一个简单的"更多的东西"——他把一个螺钉转动了 1/4 周，间歇电流转换成了等幅电流。这种电流是再生人类语言的唯一形式。贝尔能保持电路畅通，而不像雷斯那样间歇地中断电流。所以，美国最高法院作出结论：雷斯绝没有想到这一点，他未能用电信的方式转换语言。贝尔做到了这一点，所以贝尔是电话的发明者。在这种情况下，也不能坚持认为雷斯所做的东西是贝尔发明的前奏。他们的区别就在于成功和失败。如果雷斯坚持下去，他就可能成功，但他因停止而失败了。贝尔一直坚持探索直到取得成功。

哥伦布的故事

哥伦布曾在位于意大利北部城市帕维亚的帕维亚大学攻读天文学、几何学，《宇宙志》《马可·波罗游记》、地理学家的专著等各种各样的理论和书籍——所有这些都激发了他的想象。他逐渐产生了一个坚定的信念：通过归纳的推理，世界是一个球体；通过演绎的推理，可知从西班牙向西航行能到达亚洲大陆，正像马可·波罗的路线一样。

他决定实现自己的梦想。他开始寻找经济后盾、船只和人员，寻找"更多的东西"。在长达 10 年的时间内，他时常差一点就能获得必要的帮助，但是总有这样或那样的阻力阻止他获得帮助。但他依旧不懈努力。

1492 年，他终于得到了他坚持不懈地寻找和祈求的帮助。在那年 8 月，他开始向西航行，打算前往日本、中国和印度。虽然最后他没有到达亚洲，但他发现了"更多的东西"——新大陆。

第二章
学会像亿万富翁一样思考

第三课　亿万富翁和你想的不一样

财商高的人做事业

穷人和富人，就在于两者的心态不一样，穷人对待任何事情可能抱着做事情的态度，做完就行，其余不管；而富人呢，无论做什么工作、处于什么样的岗位，他都会以做事业的态度认真对待。事情和事业，虽只有一字之差，境界却有天壤之别。

如果有人投资让你去开一个杂货店，你会怎么想？

从做事情的角度考虑，开杂货店用不着风吹日晒雨淋，除了进货，大部分时间都是坐着，可以闲聊，可以看报，可以织毛衣，不可谓不轻松。钱呢，也有得赚，进价 6 角的，卖价 1 元，七零八碎地 1 个月下来，衣食至少无忧。干吗不做？

但换一个角度想，开了杂货店，你就开不成百货店、饮食店、书店、鞋店、时装店，总之，做一件事的代价就是失去了做别的事的机会。人生几十年，如果不想在一个 10 平方米的杂货店内耗掉，你就得想到底做什么更有前途。从事业的角度，你要考虑的就不是轻松，也不是 1 个月的收入，而是它未来发展的潜力和空间到底有多大。

杂货店不是不可以开，而是看你以怎样的态度去开。如果把它当做一件事情来做，它就只是一件事情，做完就脱手。如果是一项事业，你就会设计它的未来，把每天的每一步都当做一个连续的过程。

作为事业的杂货店，它的外延是在不断扩展的，它的性质也在变。如果别的店只有两种酱油，而你的店却有 10 种，你不仅买一赠一，还送货上门，免费鉴定，传授知识，让人了解什么是化学酱油，什么是酿造酱油，你就为你的店赋予了特色。你的口碑越来越好，渐渐就会有人舍近求远，穿过整个街区来你的店里买酱油。当你终于舍得拿出钱去注册商标，你的店就有了品牌，有了无形资产。如果你的规模扩大，你想到增加店面，或者用连锁的方式，或者采取特许加盟，你的店又有了概念，有了进一步运作的基础。

这就是事情和事业的区别，也是财商高者与财商低者的差距。

记得一位哲人说过：如果一个人能够把本职工作当成事业来做，那么他就成功了一半。然而，不幸的是，对今天的一些人来说，工作却并不等于事业。在他们眼里，找工作、谋职业不过是为了糊口、混日子而已。

1974 年，麦当劳的创始人雷·克罗克，被邀请去奥斯汀为得克萨斯州立大学的工商管理硕士班做讲演。在一场激动人心的讲演之后，学生们问克罗克是否愿意去他们常去的地方一起喝杯啤酒，克罗克高兴地接受了邀请。

当这群人都拿到啤酒之后，克罗克问："谁能告诉我我是做什么的？"当时每个人都笑了，大多数 MBA 学生都认为克罗克是在开玩笑。见没人回答他的问题，于是克罗克又问："你们认为我能做什么呢？"学生们又一次笑了，最后一个大胆的学生叫道："克罗克，所有人都知道你是做汉堡包的。"

克罗克哈哈地笑了："我料到你们会这么说。"他停止笑声并很快地说："女士们、先生们，其实我不做汉堡包业务，我真正的生意是房地产。"

接着克罗克花了很长时间来解释他的话。克罗克的远期商业计划中，基本业务将是出售麦当劳的各个分店给各个合伙人，他一向很重视每个分店的地理位置，因为他知道房产和位置将是每个分店获得成功的最重要的因素，而同时，当克罗克实施他的计划时，那些买下分店的人也将付钱从麦当劳集团手中买下分店的地。

麦当劳今天已是世界上最大的房地产商了，它拥有的房地产甚至超过了天主教会。今天，麦当劳已经拥有美国以及世界其他地方的一些最值钱的街角和十字路口的黄金地段。

克罗克之所以成功，就在于他的目标是建立自己的事业，而不仅仅是卖几个汉堡包赚钱。克罗克对职业和事业之间的区别很清楚，他的职业总是不变的：是个商人。他卖过牛奶搅拌器，以后又转为卖汉堡包，而他的事业则是积累能产生收入的地产。

艾普森高中毕业后随哥哥到纽约找工作。

他和哥哥在码头的一个仓库给人家缝补篷布。艾普森很能干，做的活儿也精细，当他看到别人丢弃的线头碎布也会随手拾起来，留做备用，好像这个公司是他自己开的一样。

一天夜里，暴风雨骤起，艾普森从床上爬起来，拿起手电筒就冲到大雨中。哥哥劝不住他，骂他是个傻蛋。

在露天仓库里，艾普森察看了一个又一个货堆，加固被掀起的篷布。这时候老板正好开车过来，只见艾普森已经成了一个水人儿。

当老板看到货物完好无损时，当场表示给他加薪。艾普森说："不用了，我只是看看我缝补的篷布结不结实。再说，我就住在仓库旁，顺便看看货物只不过是举手之劳。"

老板见他如此诚实，如此有责任心，就让他到自己的另一个公司当经理。

公司刚开张，需要招聘几个文化程度高的大学毕业生当业务员。艾普森的哥哥跑来，说："给我弄个好差使干干。"艾普森深知哥哥的个性，就说："你不行。"哥哥说："看大门也不行吗?"艾普森说:"不行,因为你不会把活当成自己家的事干。"哥哥说他:"真傻,这又不是你自己的公司!"临走时,哥哥说艾普森没良心,不料艾普森却说:"只有把公司当成是自己开的,才能把事情干好,才算有良心。"

几年后,艾普森成了一家公司的总裁,他哥哥却还在码头上替人缝补篷布。这就是带着事业心做事与糊弄工作者之间的区别。

英特尔总裁安迪·格鲁夫应邀对加州大学的伯克利分校毕业生发表演讲的时候,曾提出这样一个建议:

"不管你在哪里工作,都别把自己当成员工,应该把公司看做自己开的一样。你的职业生涯除你自己之外,全天下没有人可以掌控,这是你自己的事业。"

从某种意义上来说,做事情的人就是在为钱而工作,而做事业的人却让钱为自己而工作。

美国百万富翁罗·道密尔,是一个在美国工艺品和玩具业富有传奇性的人物。道密尔初到美国时,身上只有 5 美元。他住在纽约的犹太人居住区,生活拮据。然而,他对生活、对未来充满了信心。18 个月内,他换了 15 份工作。他认为,那些工作除了能果腹外,都不能展示他的能力,也学不到有用的新东西。在那段动荡不安的岁月里,他经常忍饥挨饿,但始终没有失去放弃那些不适合他的工作的勇气。

一次,道密尔到一家生产日用品的工厂应聘。当时该厂只缺搬运工,而搬运工的工资是最低的。老板对道密尔没抱希望,可道密尔却答应了。

之后,每天他都 7 点半上班,当老板开门时,道密尔已站在门外等他。他帮老板开门,并帮他做一些每天例行的零碎工作。晚上,他一直工作到工厂关门时才离开。他不多说话,只是埋头工作,除了本身应做的以外,凡是他看到的需要做的工作,总是顺手把它做好,就好像工厂是他自己开的。

这样，道密尔不但靠勤劳工作，比别人多付出努力学到了很多有用的东西，而且赢得了老板的绝对信任。最后，老板决定将这份生意交给道密尔打理。道密尔的周薪由30美元一下子加到了175美元，几乎是原来的6倍。可是这样的高薪并没有把道密尔留住，因为他知道这不是他的最终目标，他不想为钱工作一生。

半年后，他递交了辞呈，老板十分诧异，并百般挽留。但道密尔有他自己的想法，他按着自己的计划矢志不渝地向着最终目标前进。他做起基层推销员，他想借此多了解一下美国，想借推销所遇到的形形色色的顾客，来揣摩顾客的心理变化，磨炼自己做生意的技巧。

两年后，道密尔建立了一个庞大的推销网。在他即将进入收获期，每月将会有2800美元以上的收入，成为当地收入最高的推销员时，他又出人意料地将这些辛辛苦苦开创的事业卖掉，去收购了一个面临倒闭的工艺品制造厂。

从此，凭着在以前的工作中学到的知识和积累的经验，在道密尔的领导下，公司改进了每一项程序，对很多存在的缺点进行了一系列调整，人员结构、过去的定价方式都做了相应的变化。一年后，工厂起死回生，获得了惊人的利润。5年后，道密尔在工艺品市场上获得了极大的成功。

如果是一个纯粹为做事而工作的人，他绝不会放弃日用品推销员的职位的，正是一颗想要做事业的心，成就了道密尔。

一位著名的企业家说过这样一段话：我的员工中最可悲也是最可怜的一种人，就是那些只想获得薪水，而其他一无所知的人。

同一件事，对于工作等于事业者来说，意味着执著追求、力求完美。而对于工作不等于事业者而言，意味着出于无奈不得已而为之。

当今社会，轰轰烈烈干大事、创大业者不乏其人，而能把普通工作当事业来干的人却是凤毛麟角。因为干事创业的人需要有较高的思想觉悟、高度的敬业精神和强烈的工作责任心。

工作就是生活，工作就是事业。改造自己、修炼自己，坚守痛苦才能凤凰涅槃。这应当是我们永远持有的人生观和价值观。丢掉了这个，也就丢掉了灵魂；坚守了这个，就会觉得一切都是美丽的，一切都是那么自然。这样一想，工作就会投入，投入就会使人认真。同样，工作就会有激情，而激情将会使人活跃。

有一句话说得好："今天的成就是昨天的积累，明天的成功则有赖于今天的努力。"把工作和自己的职业生涯联系起来，对自己未来的事业负责，你会容忍工作中的压力和单调，觉得自己所从事的是一份有价值、有意义的工作，并且从中可以感受到使命感和成就感。

做事情也许只是解决燃眉之急的一个短期行为，而做事业则是一个终生的追求。

财商决定贫富

在竞争激烈的现代社会，财商已经成为一个人成功必备的能力，财商的高低在一定程度上决定了一个人是贫穷还是富有。一个拥有高财商的人，即使他现在是贫穷的，那也只是暂时的，他必将成为富人；相反，一个低财商的人，即使他现在很有钱，他的钱终究会花完，他终将成为穷人。

那么财商到底是什么呢？如果说智商是衡量一个人思考问题的能力，情商是衡量一个人控制情感的能力，那么财商就是衡量一个人控制金钱的能力。财商并不在于你能赚多少钱，而在于你有多少钱，你有多少控制这些钱，并使它们为你带来更多的钱的能力，以及你能使这些钱维持多久。这就是财商的定义。财商高的人，他们自己并不需要付出多大的努力，钱会为他们努力工作，所以他们可以花很多的时间去干自己喜欢干的事情。

简单地说：财商就是人作为经济人，在现在这个经济社会里的生存能力，是一个人判断怎样能挣钱的敏锐性，是会计、投资、市场营销和法律等各方面能力的综合。美国理财专家罗伯特·T·清崎认为："财商不是你赚了多少钱，而是你有多少钱，钱为你工作的努力程度，以及你的钱能维持几代。"他认为，要想在财务上变得更安全，人们除了具备当雇员和自由职业者的能力之外，还应该同时学会做企业主和投资者。如果一个人能够充当几种不同的角色，他就会感到很安全，即使他们的钱很少。他们所要做的就是等待机会来运用他们的知识，然后赚到钱。

财商与你挣多少钱没有关系，财商是测算你能留住多少钱，以及让这些钱为你工作多久的指标。随着年龄的增大，如果你的钱能够不断地给你买回更多的自由、幸福、健康和人生选择的话，那么就意味着你的财商在增加。财商的高低与智力水平并没有多少必然的联系。

富翁们是靠什么创富的呢？靠的是"财商"。

越战期间，好莱坞举行过一次募捐晚会，由于当时反战情绪强烈，募捐晚会以一美元的收获收场，创下好莱坞的一个吉尼斯纪录。不过，晚会上，一个叫卡塞尔的小伙子却一举成名，他是苏富比拍卖行的拍卖师，那一美元就是他用智慧募集到的。

当时，卡塞尔让大家在晚会上选一位最漂亮的姑娘，然后由他来拍卖这位姑娘的一个亲吻，由此，他募到了难得的一美元。当好莱坞把这一美元寄往越南前线时，美国各大报纸都进行了报道。

由此，德国的某一猎头公司发现了一位天才。他们认为，卡塞尔是棵摇钱树，谁能运用他的头脑，必将财源滚滚。于是，

　　猎头公司建议日渐衰微的奥格斯堡啤酒厂重金聘卡塞尔为顾问。1972 年，卡塞尔移居德国，受聘于奥格斯堡啤酒厂。他果然不负众望，异想天开地开发了美容啤酒和浴用啤酒，从而使奥格斯堡啤酒厂一夜之间成为全世界销量最大的啤酒厂。1990 年，卡塞尔以德国政府顾问的身份主持拆除柏林墙，这一次，他使柏林墙的每一块砖以收藏品的形式进入了世界上 200 多万个家庭和公司，创造了城墙砖售价的世界之最。

　　1998 年，卡塞尔返回美国。下飞机时，拉斯维加斯正上演一出拳击喜剧，泰森咬掉了霍利菲尔德的半块耳朵。出人预料的是，第二天，欧洲和美国的许多超市出现了"霍氏耳朵"巧克力，其生产厂家正是卡塞尔所属的特尔尼公司。卡塞尔虽因霍利菲尔德的起诉输掉了盈利额的 80%，然而，他天才的商业洞察力却给他赢来年薪 1000 万美元的身价。

　　新世纪到来的那一天，卡塞尔应休斯敦大学校长曼海姆的邀请，回母校作创业演讲。演讲会上，一位学生向他提问："卡塞尔先生，您能在我单腿站立的时间里，把您创业的精髓告诉我吗？"那位学生正准备抬起一只脚，卡塞尔就答复完毕："生意场上，无论买卖大小，出卖的都是智慧。"

　　其实，卡塞尔所说的智慧就是财商。

　　许多亿万富翁在年龄很小的时候就拥有了很高的财商，比如石油大王洛克菲勒。

　　约翰·戴维森·洛克菲勒的童年时光就是在一个叫摩拉维亚的小镇上度过的。每当黑夜降临，约翰常常和父亲点起蜡烛，相对而坐，一边煮着咖啡，一边天南地北地聊着，话题总是少不了怎样做生意赚钱。约翰·洛克菲勒从小脑子里就装满了父亲传授给他的生意经。

　　7 岁那年，一个偶然的机会，约翰在树林中玩耍时，发现了一个火鸡窝。于是他眼珠一转，计上心来。他想：火鸡是大家都喜欢吃的肉食品，如果把小火鸡养大后卖出去，一定能赚到不少钱。于是，洛克菲勒此后每天都早早来到树林中，耐心地等到火鸡孵出小火鸡后暂时离开窝巢的间隙，飞快地抱走小火鸡，把它们养在自己的房间里，细心照顾。到了感恩节，小火鸡已经长大了，他便把它们卖给附近的农庄。于是，洛克菲勒的存钱罐里，镍币和银币逐渐减少，变成了一张张绿色钞票。不仅如此，洛克菲勒还想出一个让钱生更多钱的妙计。他把这些钱放给耕作的佃农们，等他们收获之后就可以连本带利地收回。一个年仅7岁的孩子竟能想出卖火鸡赚大钱的主意，不能不令人惊叹！

在摩拉维亚安家以后，父亲雇用长工耕作他家的土地，他自己则改行做了木材生意。人们喜欢称他父亲为"大比尔"，大比尔工作勤奋，常常受到赞扬，另外，他还热心社会公益事业，诸如为教会和学校募捐等，甚至参加了禁酒运动，一度戒掉了他特别喜爱的杯中之物。

大比尔在做木材生意的同时，不时注意向小约翰传授这方面的经验。洛克菲勒后来回忆道："首先，父亲派我翻山越岭去买成捆的薪材以便家里使用，我知道了什么是上好的硬山毛榉和槭木；我父亲告诉我只选坚硬而笔直的木材，不要任何大树或'朽'木，这对我是个很好的训练。"

年幼的洛克菲勒如同一轮刚刚跃出地平线的旭日，在经商方面初露锋芒。在和父亲的一次谈话中，大比尔问他：

"你的存钱罐大概存了不少钱吧？"

"我贷了50元给附近的农民。"儿子满脸的得意。

"是吗？50元？"父亲很是惊讶。因为那个时代，50美元是个不算很小的数目。

"利息是7.5%，到了明年就能拿到3.75元的利息。另外，我在你的马铃薯地里帮你干活，工资每小时0.37元，明天我把记账本拿给你看。这样出卖劳动力很不划算。"洛克菲勒滔滔不绝，很在行地说着，毫不理会父亲惊讶的表情。

父亲望着刚刚12岁就懂得贷款赚钱的儿子，喜爱之情溢于言表，儿子的精明不在自己之下，将来一定会大有出息的。

由以上的故事中我们可以得出，财商具有以下两种作用：

第一，财商可以为自己带来财富。

学习财商，锻炼自己的财商思维，掌握财商的致富方法，就是为了使自己在创造财富的过程中，少走弯路，少碰钉子，尽快成为富翁。一旦拥有了财商的头脑，想不富都难。

第二，财商可以助自己实现理想。

现在，在市场经济大潮的冲击下，许多人纷纷下海淘金，都想圆富翁梦，却又囿于旧思想、旧传统，找不到致富之门。财商理念就犹如开启财富之门的金钥匙，用财商为自己创富，就可以实现自己的理想。有了钱，相信干别的也会很顺利。

总之，财商可以带来财富，可以实现自己的理想，也就是说，你就是金钱的主人，可以按照自己的意志去支配金钱，这时，幸福感就会布满你全身，这就是财商的魅力。拥有财商，也就是拥有了一种幸福的人生。

幸福和金钱有关

很多人崇尚知足常乐，以此作为精神境界。如果确实能清心寡欲，那也未尝不是件好事，但如果想得到而得不到，只好龟缩在角落里，喃喃自语着"知足常乐"，那就是一种逃避，一种无能和怯懦。

有一个故事，一个迟暮之年的百万富翁，在冬日的暖阳中散步，碰到一个流浪汉在墙根处晒太阳，他问流浪汉："你为什么不去工作？"

流浪汉答："为什么要工作？"

"你可以挣钱呀。"

"挣钱做什么?"

"挣钱可以住大房子,可以享受美味佳肴,可以和一家人享受天伦之乐。"

"然后呢?"

"当你老了,可以衣食无忧,像我一样,每天散散步,晒晒太阳。"

"难道我现在不是在晒太阳吗?"

的确,幸福很多时候与穷富无关,心境的平和也是幸福的重大保证。但就这一个故事来说,只在一个特定的场景中展开,它恰恰选择了流浪汉最明媚的生活片断,并且赋予它哲理和诗意。这样一来,流浪的生活不仅不可悲,反而还令人羡慕了。

但如果富翁反过来问他,难道晒太阳就是生活的全部?太阳落山以后你怎么办呢?流浪汉又该如何回答?

其实,要想获得幸福和生活,金钱是不可或缺的一种因素。拥有金钱,也许你并不幸福,但是如果没有金钱,你就是一定不会幸福。你能指望一个人在没有一枚硬币去买一个面包充饥的情况下,还引吭高歌吗?显然不可能。

乔治·萧伯纳在他的著作《巴巴拉少校》中这样说道:"最大的罪行和最坏的罪行是贫困。"

犹太人这样说:"富亲戚是近亲戚,穷亲戚是远亲戚。"犹太人的历史一再地验证了这个事实,他们没有金钱的时候,就连处于社会底层的人们都看不起他们,说他们是"犹太鬼",他们走到哪里都会受到凌辱和压迫。而等到他们有了钱,就可以和贵族平起平坐,让人们对他们钦慕和妒忌不已。

那么,财富即金钱到底都有哪些作用呢?

第一,财富能给你好心情。

乔·路易曾经说过:"我并不喜欢钱,不过它能使我的心情得到平静。"这句话很有意思,其间的深意便体现在"平静"二字之上。富有的人从无家庭日常开支之虑,也不必有欠缺应酬招待亲朋好友的钞票之忧，"贫贱夫妻百事哀"的家庭窘状从来不会干扰自己的心情；诸事顺遂，生活之中总是充满着和美甜蜜的气氛。显然，无钱与有钱，心情肯定是大不一样的。

第二，财富能够提高生活质量，提高人的生命价值。

这是现代人普遍关心的问题。当然，提高生活的质量并不是指过度的高消费或者过挥金如土的生活，而是指适度的有高雅情趣并有益于身心健康的生活。比如参加高雅的休闲娱乐活动：打高尔夫球、保龄球，登山、滑雪等，还可以到世界各地去旅游，领略大自然的美好风光，参观名胜古迹，从而陶冶情操、增长见识。诸如此类的活动，没有钱，自然无法提到日程之上。

第三，财富能给你带来健康。

生命是最宝贵的，而健康则是生命的保障。保护生命，就必须保持健康。而随时进行身体检测，进行科学合理的养护等保持健康的措施，是需要有"闲钱"来支付的。穷人在感到身体状况尚属良好的情况下便去花费一笔不菲的体检费用，几乎是不可能的；即使是收入较多的人，要花这笔闲钱，也觉得实在冤枉。富人就不同了，他愿意并有足够的财力为自己的健康投入一笔保证金。如果真的有病，富人可以进最好的医院，找最好的医生，使用最先进的医疗器械，服用最好的药物，享受最好的医治和护理，从而使身体尽快康复。财富不能直接等同于健康，但它能够为你带来健康。

第四，财富能为你带来自信，使你获得别人的尊重。

有一句话叫人穷志短，是说一个人如果比较清贫的话，他的内心就会不知不觉地缺乏底气，缺乏信心，从而丧失远大的志向。这话一点都不假！为什么有一定经济基础的人会干成大事呢？并不是他的能力就是比他人强，而是他的内心比较有底，即使失败了他仍然有退路，所以他只要有50％的把握，就敢去努力、去拼搏。

第五，财富能为你带来自由。

我们生活在一个市场经济的时代，社会的物质还不是极大地丰富，所以对很多稀缺的商品我们在做不到人人有份的情况下，就必须用金钱的杠杆去调节。越稀缺的商品价格就越昂贵，能够享受的人就越少。也就是说金钱越多的人就享有越多的自由选择权，这是市场经济社会最残酷的现实。市场经济社会从某种意义上说就是金钱的社会，有些时候你要拥有自由的生活你就必须拥有金钱。很多时候我们的自由都是用金钱买来的，这一点我们必须有一个认识上的革命，对花钱购买自由有一个深刻的理解。

第六，财富能为你带来时间。

我们每一个人的时间都是有限的，我们不可能每一件事情都自己亲力亲为，在我们自己的时间不够用的时候，我们就可以花钱购买别人的时间。比如我们去上课，其实是我们花钱购买了老师的时间。对我们学习的东西而言，如果我们每一个问题都是自己到浩如烟海的书籍中去蚂蚁啃骨头一样地寻找，那么我们用一生的精力也只能明白一点皮毛，我们的时光就会在这种无休无止的学习中终结，那么我们对社会还有什么作用呢？这样不行。我们的老师用自己的时间去阅读某一方面的书籍，然后他将这些知识浓缩，在很短的时间里将知识传授给我们，虽然我们花费了金钱，但是我们节省了自己的时间。其实我们一生所购买和销售的物品很多，但是归根结底无非是购买别人的时间，销售自己的时间。

我们常听人说："金钱不能让你快乐。"尽管它有些道理，但没钱还是不能让你快乐的。正如罗伯特·清崎所说："我总感觉当我有钱时，会比较开心。有一天，我在牛仔裤兜里发现了10美元。尽管只有10美元，我还是感觉好极了。找到钱的感觉总是比找到一张我欠下的账单好上许多。至少，这是我自己对金钱的感觉。有钱时我高兴，当它离我而去时，我感到伤心。"

实际生活中的许多事情告诉我们，随着一个人财富的增长，他的自信心也会增强，所谓"财大气粗"就是这个道理。拿破仑·希尔说："钱，好比人的第六感官，缺少了它，就不能充分调动其他的 5 个感官。"这句话形象地道出了金钱对于消除贫穷感的作用。

如果你渴望自由、渴望表现自我，那就把它们作为赚钱的动力吧，这种动力也是强有力的刺激源。有人曾这样写道："让所有那些有学问的人说他们所能说的吧，是金钱造就了人。"

把每件事情都做好了，你就成功了一半

对于细节的重要性，西方流传的一首民谣对此作了形象的说明。这首民谣说：

丢失一个钉子，坏了一只蹄铁；

坏了一只蹄铁，折了一匹战马；

折了一匹战马，伤了一位骑士；

伤了一位骑士，输了一场战斗；

输了一场战斗，亡了一个帝国。

马蹄铁上一个钉子是否会丢失，本是初始条件的十分微小的变化，但其"长期"效应却是一个帝国存与亡的根本差别。这就是军事和政治领域中的所谓"蝴蝶效应"。那么对于一个企业的发展来说，他们的"蝴蝶"又存在于哪里？应该说，员工的每一次细微的工作、一个产品的包装设计、一句广告语的创意、回访一个客户……这些微小的行为都和公司这个大家庭的兴盛有内在的逻辑关系。

"天下大事，必作于细；天下难事，必成于易。"天下的难事都是从易处做起的，天下的大事都是从小事开始的。海尔总裁张瑞敏先生在比较中日两个民族的认真精神时曾说：如果让

一个日本人每天擦桌子6次，日本人会不折不扣地执行，每天都会坚持擦6次；可是如果让一个中国人去做，那么他在第一天可能擦6遍，第二天可能擦6遍，但到了第三天，可能就会擦5次、4次、3次，到后来，就不了了。鉴于此，他表示：把每一件简单的事做好就是不简单，把每一件平凡的事做好就是不平凡。只要你把每一件事情都做好了，就成功了一半。

如果你把该做的工作做得和想做的工作一样认真，那么，你就一定会成功。有人曾说你该永远同时从事两件工作：一件是目前所从事的工作；另一件则是真正想做的工作。如果你把该做的工作做得和想做的工作一样认真，那么你也正是为将来而准备。你正在学习一些足以超越目前职位，甚至成为行业榜样员工的技巧。

一天猎人带着猎狗去打猎。猎人一枪击中一只兔子的后腿，受伤的兔子开始拼命地奔跑。猎狗在猎人的指示下也是飞奔而出，去追赶兔子。可是追着追着，兔子不见了，猎狗只好悻悻地回到猎人身边，猎人开始骂猎狗了："你真没用，连一只受伤的兔子都追不到。"猎狗听了很不服气地回答："我已经尽力而为了呀。"

兔子带伤终于跑回洞里，它的兄弟们都围过来惊讶地问它："那只猎狗很凶呀，你又带了伤，怎么跑得过它？"

受伤的兔子回答道："它是尽力而为，我是全力以赴呀，它没追上我，最多挨一顿骂，而我若不全力以赴的话，可就真的没命了！"

人本来是有很多潜能的，但是我们往往会对自己或对别人找借口："管它呢，我们已尽力而为了。"事实上尽力而为是远远不够的，尤其是在这个竞争激烈的年代，每一个想成为亿万富翁的人都要时常问问自己："我今天是尽力而为的猎狗，还是全力以赴的兔子？"

1965年，一个四年级小学生到西雅图景岭学校图书馆帮忙，管理员让他把已归还图书馆却放错了位的书放回原处。小学生问："像是当侦探吗?"管理员说："当然。"小学生便不遗余力地干起来。第一天,他已经找出 3 本放错地方的书。第二天,他来得更早,而且更卖力气。过了两个星期,小学生的父母要搬家,小学生担心地说:"我走了,谁来整理那些站错队的书呢?"没过多久,小学生又来了,高兴地对管理员说,那边的图书馆不让学生干,妈妈把他转回这边上学,由他爸爸用车接送。小学生特意强调:"如果爸爸不带我,我就走路来。"

令图书馆的管理员没有想到的是,这个如此敬业的小学生后来成为信息时代的天才、微软电脑公司总裁——比尔·盖茨。

司特莱底·瓦留斯先生是一位著名的小提琴制造家,他制成一把小提琴,往往要耗费很长时间。但是你可不要以为他太痴了,他所制造的成品现在已成稀有宝贵的珍品,每件价值万金。可见世上任何宝贵的东西,你如果不付出全部精力,不畏千辛万苦地去做,是不能成功的。

做事要求尽善尽美,不但能够使你迅速进步,并且还将大大地影响你的性格、品行和自尊心。任何人如果要想成功,就非得秉持这种观念去做事不可。无论到哪里,一位把工作做得完美无缺的人,总是受人欢迎的。所以你应该努力把任何事处理得至善至美。对于任何事,你都要倾注全副精力去做。

维斯康公司是美国 20 世纪 80 年代最为著名的机械制造公司。杰克和许多人一样,在该公司每年一次的用人招聘会上被拒了。但是他并不灰心,发誓一定要进入这家公司工作。

于是,他假装自己一无所长,找到公司人事部,提出为该公司无偿提供劳动力,请求公司分派给他任何工作,他将不计任何报酬来完成。公司起初觉得简直不可思议,但考虑到不用任何花费,也用不着操心,于是便分派他去打扫车间的废铁屑。

在整整一年时间里,杰克勤勤恳恳地重复着这项既简单又劳累的工作。为了糊口,下班后他还得去酒吧打工。尽管他得到了老板及工人的一致好感，但仍然没有一个人提到录用他的问题。

1990年初，公司的许多订单纷纷被退回，理由均是产品质量问题，为此公司将蒙受巨大的损失。公司董事会为了挽救颓势，紧急召开会议，寻找解决方案。当会议进行了一大半还不见眉目时，杰克闯入会议室，提出要见总经理。在会上，他就该问题出现的原因作了令人信服的解释，并且就工程技术上的问题提出了自己的看法，随后拿出了自己的产品改造设计图。

这个设计非常先进，既恰到好处地保留了原来的优点，又克服了已经出现的弊病。

总经理及董事觉得这个编外清洁工很是精明在行，便询问他的背景及现状。于是，杰克当着高层决策者的面，将自己的意图和盘托出。之后经董事会举手表决，杰克当即被聘为公司负责生产技术问题的副总经理。

原来，杰克利用清扫工到处走动的特点，细心察看了整个公司各部门的生产情况，并一一详细记录，发现了所存在的技术问题并想出了解决的办法。他花了一年时间搞设计，做了大量的统计数据，终于完成了科学实用的产品改造设计图。

无论是伟人还是普通人，他们大部分时间都是在做一些很平凡、很简单的小事情。然而有很多人，他们不屑于做具体的事，不屑认真对待小事和细节，总是盲目地相信"天将降大任于斯人也"，殊不知，能把自己所在岗位上的每一件事做成功、做到位就很不简单了。

亿万富翁会找到平台去赚钱

平台是一个人赖以施展自己才能的地方，因此，富有的人总会为自己建立起一个赚钱的平台。人不满足于自己的处境，往往是不甘心于被人支配，想拥有更多的地盘、更多的资源，也想有更多的支配权。

有一个人一直想成功，为此，他做过种种尝试，但都以失败告终。为此，他非常苦恼，于是就跑去问他的父亲。他父亲是个老船员，虽然没有多少文化，但却一直在关注着儿子。他没有正面回答儿子的问题，而是意味深长地对他说："很早以前，我的老船长对我说过这样一句话，希望能对你有所帮助。老船长告诉我：要想有船来，就必须修建属于自己的码头。"

人生就是这样有趣。做人如果能够做到抛弃浮躁，锤炼自己，让自己发光，就不怕没有人发现。与其四处找船坐，不如自己修一座码头，到时候何愁没有船来停泊。

人这一生，身份、地位并不会影响你所修建的码头的质量。恰恰相反，你所修建的码头的质量反而会影响到你这里停靠的船只。你所修建的码头的质量越高，到这里停靠的船只就会越好，而且你修建的码头越大，停靠的船只也就会越多。

所以，一定要努力为自己修建一座高质量码头，要让别人为你挣钱。

要想在生意场上出人头地，唯一的办法，就是把碗做大。要不要把碗做大，是个战略问题；如何才能把碗做大，则是个战术问题。

人人都想让别人为自己赚钱，可是别人凭什么为你赚钱呢？人都不是傻子，他帮你做事，必定是有求于你。

不付出就不要想得到，你只知道自己挣钱，挣了钱就揣在兜里，生怕掏一分钱出来，迈不出这一步，你就永远不可能成为真正的富人。

法国商人帕克从哥哥那里借钱开办了一间小药厂。他亲自在厂里组织生产和销售工作，从早到晚每天工作 18 个小时，然后把工厂赚到的钱积蓄下来扩大再生产。几年后，他的药厂已经极具规模，每年有几十万美元的盈利。

经过市场调查和分析研究后，帕克觉得当时药物市场发展前景不大，又了解到食品市场前途光明，因为世界上有几十亿人口，每天要消耗大量的各式各样的食物。

经过深思熟虑后，他毅然出让了自己的药厂，再向银行贷了一些钱，买下了一家食品公司的控股权。

这家公司是专门制造糖果、饼干及各种零食的，同时经营烟草，它的规模不大，但经营品种丰富。

帕克掌控该公司后，在经营管理和行销策略上进行了一番改革。他首先将生产产品规格和式样进行扩展延伸，如把糖果延伸到巧克力、口香糖等多个品种；饼干除了增加品种，细分儿童、成人、老人饼干外，还向蛋糕、蛋卷等发展。接着，帕克在市场领域大做文章，他除了在法国巴黎经营外，还在其他城市设分店，后来还在欧洲众多国家开设分店，形成广阔的连锁销售网。随着业务的增多，资金变得更加雄厚，帕克又随机应变，把周边国家的一些食品公司收购，使其形成大集团。如果没有借钱开办的那个小药厂，帕克也许还只是个普通人。

创建自己的平台，才能施展才华，走向成功。这已经是一个知识经济的时代，财商高的人赚钱，靠的是智力。用他的智力，操纵更多人的智力，为他所用。

但是要实现这样的操纵，必须得有个组织方式。

财商高的人不需要赤膊上阵，他只需要一个平台，有了平台自然就有了上台表演的人。财商高的人的平台，通常叫公司，有时也叫机构或者别的什么，总之是个组织。组织有自己的规章制度，也有奋斗目标，比如利润达到多少，进入世界多少强，等等。

在组织里，每个人该干什么，不该干什么，什么时候干活，什么时候休息，干多少活，得多少报酬，犯什么错，受什么处罚，都规定得清清楚楚。有了这些目标和规定，众人的力量就能够拧成一股绳了，步调一致地把财商高的人抬进更富有的阶层。

　　如果你想以最小的投资风险换取最大的回报，就得付出代价，包括大量的学习，如学习商业基础知识等。此外，要成为富有的投资者，你得首先成为一个好的企业主，或者学会以企业主的方式进行思考。在股市中，投资者都希望在兴旺发达的企业里入股。

　　如果你具备企业家的素质，就可以创建自己的企业，或者像财商高的人一样，能够分析其他企业的情况。富翁中约有80％的人都是通过创建公司，把公司当做平台而起家的。也就是说，在企业所有者眼中，资产比金钱更有价值。因为投资者所要做的，正是把时间、投资知识、技能以及金钱花在可变为资产的证券上。

　　建立起一个平台，然后在这个平台上施展自己的才华，你很快就能成为亿万富翁。

第四课　不做金钱的奴隶，
　　做金钱的主人

财商高的人不光用眼睛看钱

穷人认识不到金钱的实质意义，他们认为金钱只是维持自己生存的不可缺少的东西，常常因为贪婪而沦为金钱的奴隶。而财商高的人虽然认为金钱在人生中扮演着重要的角色，但他们对金钱在人生中的地位有一个理性的认识。财商高的人认为不能光用眼睛看钱。

金钱不能给我们带来完美的人生

在现实生活中，人有正邪之分，事物也有正邪之别，做生意更有正邪之道的不同。对于那些走私贩毒、拐卖人口，甚至非法买卖人体器官的邪恶勾当，我们称之为走邪道。这是一种充满罪恶的肮脏的黑色交易。人们口中所称的脏钱、黑钱、臭钱，大都是指这种来路不明的金钱。

如果说权钱交易给人们带来的是一种罪恶之感的话，那么这种邪道的黑色交易还要加上一个更为直接的厌恶、痛恨之情。因为毒品、人口，以及器官的非法买卖，活生生地发生在普通人中间，给他们的家庭、个人都曾造成了有目共睹的无数人间悲剧。

近年来，吸毒已越来越成为世界各国都甚感头痛的严重社会问题。无论是在家中、酒吧间、夜总会，还是在校园乃至军营里，人们都能见到吸毒者的身影。当然，绝大多数吸毒者的下场都是极其可悲的，请看某报社的一则报道：

女青年劳妮，幼时丧母，从小缺少家庭温暖。14岁时，她与一个常注射海洛因的男孩子混在一起，后来自己也抽上了大麻叶。初中毕业后，她进入了一个售货员职业学校，但不久就离开了，并经常在吸毒者中鬼混，有时还盗窃，参加贩毒，过着放荡的生活，最后充当了妓女和脱衣舞女。

出卖自己的亲生子女，无疑是一种残忍的行为，可是在一些国度里，对难以生存下去的父母来说，这也是一件迫不得已的无奈之事。

在印度的许多城市中的贫民窟里，聚居着许多贫困的多子女家庭，他们无法抚养许多小孩，只好将其中的一个或几个孩子卖到国外去，一来减轻家庭的负担，二来也好让孩子有个活命之路。人贩子早就盯上了这种有利可图的"生意"，非法从事着人口交易。不久前，在印度某市的一所房子里，警察发现了20个婴儿，他们是人贩子从行乞讨饭的母亲们那里廉价买来的，正准备送往其他的国家。这批孩子如果被贩卖出去，人贩子头目将获利3.5万元。

出卖自己身体上的器官，同样也是一件惨不忍闻的事情。

肾脏是人身体中最重要的器官之一，换取一个新的肾脏，也就等于获得了新的生命。但是，合法的医学移植所能提供的肾脏远远满足不了需要，于是肾脏成了可居的奇货，进入了黑社会或黑市交易市场。一些因急需钱用的穷人，被迫走上出卖自己肾脏的道路。

在印度，由于风俗习惯和宗教等原因，禁止买卖肾脏。人贩子就把出售者一起带到美国，再做肾脏移植手术。一只活肾脏，通常的交易金额是7000美元左右。也有一些私人医生，非法为人摘除肾脏，偷偷买下，再高价走私出口。

在欧洲的一些国家，由于黑社会组织参与了肾脏走私，因此，这项罪恶的活动更为猖獗。当一些欠债的人无法偿还高利贷债务时，黑社会组织就强迫他们出卖自己的肾脏抵债。

吸毒者为吸毒而盗窃、卖淫、跳脱衣舞筹钱，出卖自己的孩子和肾脏者因生活逼迫用小孩、肾脏来换钱，毒贩、人口贩、器官贩子则将毒品、小孩、肾脏作为"商品"来牟取巨额的金钱。钱，钱，钱，一切似乎都因钱而起、因钱而生。即使他们拥有足够的钱，但这样的钱能为自己的人生带来幸福吗？当自己用到这些黑钱的时候，自己的灵魂能够得到安抚吗？

因此，金钱仅仅是为目标而奋斗的产物，企图在一夜之间就能发财，这是不现实的，有这种念头的人无异于掉进深渊无法自拔。仅仅崇拜金钱是毫无意义的，许多富人认为：金钱并不能给自己完美的人生。

金钱不等于财富

财商高的人认为财富与金钱之间有一定的区别，一个人最重要的首先是在他的人格上能够建立起巨大的财富，有了这个资本，才能够建立金钱的财富。人们应该体会到财富的心理根源，而不是只看到纸币。其实，金钱并不能使人真正的富有，一个人要想拥有真正的财富，必须要有内在的支撑金钱的东西。

财商高的人非常热爱知识，是因为在他们看来，知识是唯一的永远也夺不走的财富。在这个世界上，什么都是不重要的，世俗的权威不重要，金钱不重要，只有知识才是最重要的。权威失去了人们的拥戴和支持就不能形成，金钱也会随着时间发生变化，而知识是你生存和发展的可靠的保证。因此，唯一可以带走的是知识，是毫不夸张的。

在犹太人中，母亲常常会问她们的孩子："假如有一天，你的房子被火烧了，你的财产也被抢光了，你会带着什么逃跑呢？"

如果孩子们回答是"钱"或者是"钻石"的话，他们的母亲就会进一步地问："有没有一种东西比钻石更重要，它没有形状、没有颜色、没有气味，你们知道是什么东西吗？"

孩子回答不上来，母亲就会说："孩子，你们带走的东西，不应该是钱，不应该是钻石，而应该是知识。因为知识是任何人也抢不走的，只要你还活着，知识就永远跟着你，无论你逃到什么地方都不会失去它。"

不可否认，现在的人们靠其较高的文化素养，在择业和创收方面胜人一筹，如果在经商中巧用谋略那就更妙了。以美国为例，据统计，一个高中毕业生一辈子靠打工收入，比一个同样工种的初中毕业生多挣10万美元；一个大学毕业生又要比一个高中毕业一辈子多挣20万美元。而在美国总人口中，高中毕业只占35%，大学毕业占17%。这个文化水平的群体差异，使在美国的大学毕业生的收入就比美国全国平均收入高不少。

财商高的人把知识视为财富，认为"知识可以不被抢夺且可以随身带走，知识就是力量"，所以他十分重视教育。

有统计结果表明：最近十多年来的工业新技术，有30%已与时代要求不相适应了。电子产品的寿命周期也越来越短。当今世界的经济和科技的发展趋向全球化，知识型经济成为争夺相对经济优势的主要手段。在这样多变的世界里，任何故步自封、因循守旧、缺乏远见和不求上进的人，命运中将注定失败。许多人不但自己学习努力、自觉接受新的知识，对后代的培养更为倾心，为培养他们成为文化素质较高的人才不遗余力。的确，财商高的人观念是正确的，他们把金钱只看作财富的一方面，而不是财富的全部。

金钱并非真实的资产

在财商高的人眼里，金钱不是真实的资产。现代社会中我们所见到的金钱都是由中央银行统一发行的纸币，其本身并不具有真正的价值，只是国家规定通行的货币符号，充当交换的媒介而已。因此，财商高的人深深地知道，不能把过多的现金留在身上，相反，他们把现金变成真实的资产。

然而，在中产阶级与穷人的眼中，金钱是真实的资产，拼命工作去赚那些并不多的薪水，把钱存入银行，他们心想钱是神圣的，是永恒不变的东西。

财商高的人从来不对金钱产生依赖感，因为在他们看来，金钱不是真实的资产，只是一种符号。财商高的人不为钱工作，他们认为金钱仅仅是一纸协议而已。或者说，财商高的人在运作资本时，金钱只是协议书上的符号，并不存在实际意义，而真正具有实际意义的是金钱代表的资产。穷人之所以穷，就是没有看透这一点。尽管金钱只是没有价值的符号，但不意味着我们要鄙视金钱，金钱的出现是人类社会巨大的进步，大大地促进了人类社会的繁荣。

因此，财商高的人认为金钱是一匹活跃的赛马，它总是不停地运动。时间、效率、总金额、现金流量、通货膨胀和风险等混合在一起，形成一直流动的趋势。无论你是否选择它们并试图影响这种趋势，它们仍将一直运动。

假如你拿 1 万美元或 1 万人民币并将它埋在后院 10 年，试想一下，把它挖出来时，它能买到和现在一样多的物品吗？显然不能，我们必须认识到这种流动性总会影响着金钱，金钱将永远不会停止流动。

从这个意义上，金钱是一匹活跃的赛马，它强壮无比，一直不停地运动。但是，除非这匹赛马被你驯服，否则它会把你拖向失控和危险的境地。

记住：金钱并非是真实的资产，我们要努力让金钱运动，使它成为真实的资产。

如果你不果断地采取控制金钱的措施，那么反过来它就会影响你。金钱是一匹活跃的赛马，只有善于驾驭的骑手才能骑上它飞奔。

金钱是精神、文化的一部分

理财专家认为，金钱世界是由人类学、心理学、历史、政治和财经智商等主要成分共同组合而成。他们认为金钱不单是经济和商业构想或利益的产物，更是能满足个人与大众情感、思想与行为的动力。金钱不仅仅与物质生活密切相关，同时也构成了精神、文化的一部分。金钱令人爱也令人恨。金钱能够满足人的物质需要，同时也能使人变得贪婪。一个人也许在其他方面能够保持理智，可是在面对金钱时却往往把持不住，迷失方向。在金钱面前，人们会变得目光短浅，看不到长远的利益。由此，我们认为，对金钱应该持有正确的态度，了解金钱的真正意义是什么。

财商高的人认为，钱来了又去，但如果你了解钱是如何运转的，你就有了驾驭它的力量，并开始积累财富。光想不干的原因是绝大部分人接受学校教育后，却没有掌握金钱真正的运转规律，所以他们终生都在为金钱而工作。观念对人的一生有着决定性的影响。穷人常说"我可付不起"这样的话，而富人则禁止用这类话，他们会说："我怎样才能付得起呢？"这两句话，一个是陈述句，另一个是疑问句，一个是放弃，而另一个则促使你去想办法。这里强调的是要不断地锻炼你的思维——实际上人的大脑是世界上最棒的"计算机"。富人认为，"脑袋越用越活，脑袋越活，挣钱就越多"。在他们看来，轻易就说"我负担不起"这类话是一种精神上的懒惰。"为你的财务负起责任或一生只听从别人的命令，你要么是金钱的主人，要么是金钱的奴隶"。

显然，这就是富人和穷人对金钱思考模式的差异。因此，我们可以看到，像比尔·盖茨这样的富人，他们对金钱运用自如，成了金钱的真正主人。

当媒体巨子泰德·特纳捐款 10 亿美元给联合国的时候，他呼吁世界最富有的人，特别是沃伦·巴菲特和比尔·盖茨，也能像他这么慷慨解囊。在他们心中，用金钱产生良好的效应，资助于世界的精神文化是一个很好的主意。

比尔·盖茨接受著名记者芭芭拉·沃特丝主持的 20/20 电

视访谈节目专访的时候表示，他觉得，他还能活很多年，可慢慢积累财富，并且规划自己的慈善行动：

"我很高兴泰德·特纳捐赠那 10 亿美元。当然，我的捐款会跟特纳的捐款同等级——并且更胜一筹。"

被特纳的发言人指责后两个月，比尔·盖茨捐出价值 120 万美元的电脑设备给 6 所传统上招收黑人学生的大专院校，校址邻近亚特兰大——特纳的居住地。这批软、硬件赠予克拉克亚特兰大大学、莫尔豪斯学院、佩恩学院、斯培尔曼学院、莫里斯布朗学院以及不同教派神学中心。比尔·盖茨的一位发言人说："比尔·盖茨已经捐赠超过 2.7 亿美元。这不是新鲜事儿。这与泰德·特纳无关。"

比尔·盖茨在《福布斯》杂志 1997 年慷慨捐献排行榜上名列第四。泰德·特纳的联合国捐赠使他荣登榜首。那一年比尔·盖茨的捐献额达到 2.1 亿美元，都是捐给他最喜爱的公益活动。

湖畔中学筹募建设新大楼资金时，比尔·盖茨与保罗·艾伦支付 220 万美元，兴建了一栋教学与科学大楼，称为艾伦盖茨楼。

有时候，一个小型但很重要的公益活动能引起比尔·盖茨的注意。在人口仅 270 人的内布拉斯加州格伦维尔村里，居民收集汽水罐并且举办运动比赛，设法募集两万美元的资金，把一个从前的学校运动场改建为公园。募款委员会也请求比尔·盖茨及其他富人捐款，并解释说，格伦维尔村的儿童需要一个聚会场所，并且希望帮助解决好吸毒和酗酒方面的问题。

比尔·盖茨寄了一张 5000 美元的支票，附带一封信，说明他通常不回应向他要钱的请求，可是委员会的解释令他感动。

比尔·盖茨写道："这些问题不再是大城市的问题，却逐渐成为乡村社区令人担忧的问题。"

比尔·盖茨索取一张免课税收据，委员会照办。

图书馆通常因比尔·盖茨慈善捐助而受益。他捐出 1200 万美元在华盛顿大学，设立一座法学院图书馆，以他父亲的名字命名。

比尔·盖茨与梅林达·比尔·盖茨设立了比尔·盖茨图书馆基金会，计划捐出比尔·盖茨自掏腰包购买的 4 亿美元的微软软件，给美国各地的公共图书馆。这笔 4 亿美元的捐赠，若加上微软已出资 1500 万美元赞助的网上图书馆计划，比尔·盖茨慷慨的捐赠将接近安德鲁·卡内基的赠款。卡内基捐款 4120 万美元用于兴建新的图书馆。如果以 1997 年的币值计算，卡内基的捐款相当于 5.05 亿美元。

1997 年，比尔·盖茨捐给图书馆的钱居美国国内之首，超过任何个人捐赠者，包括美国联邦政府在内。他相信，公共图书馆是奠定美国社会与民主的重要机构。他希望填补介于有门路取用重要信息的人与没有门路的人之间的鸿沟。

他想在 2002 年之前，不论是城市或乡村，每个经济不景气的社区的每一座图书馆，都能连上因特网。那笔 4 亿美元的赠款，应该可以使美国 16000 座公共图书馆中的半数能上网。

老比尔·盖茨管理着大约 3 亿美元的威廉·比尔·盖茨三世基金会。比尔·盖茨说，在他去世前，会把他 95％的财产捐出去，他曾表示：

"花钱花得有智慧，和赚钱一样难。有意义地捐钱，将是我后半生主要的事情——假如那时我还有很多钱能捐出去的话。"

"最后，我会把财产的大部分，以捐赠的方式反馈给我信赖的精神、文化事业，例如教育和人口稳定。

"有一件事是确定了的。我不会留给我的继承人很多的财产，因为我不认为那对他们有益处。"

除了比尔·盖茨个人的捐赠以外，微软也参与慈善活动。1997 年，该公司捐给慈善机构和非营利组织超过 1400 万美元的现金，以及价值 4.5 亿美元的软件。微软也和美国社区各大专院校联合发起价值 700 万美元的计划——"工作联结"。计划的目标是为了训练更多人投入信息科技事业。

进入 21 世纪之后，比尔·盖茨的捐款不得不委托专人进行管理，拉森是比尔·盖茨的私人资金管理人。他管理着比尔·盖茨没有投入微软公司股票的全部财产，这笔钱存放在比尔·盖茨的个人账户和两个庞大基金会中，其资金在 1998 年已达 115 亿美元。虽然这是比尔·盖茨财富的一小部分，但不管以什么标准衡量，它仍然是一笔惊人的巨款。拉森管理的 115 亿美元中，有大约 100 亿是在比尔·盖茨个人投资组合中。

至于比尔·盖茨的基金会，他在最近几年里捐赠的总共 65 亿美元已经使它们很快上升到世界上最大的基金会行列。他以其父亲的名字设立的威廉·比尔·盖茨基金会有 52 亿美元的捐款，同福特、凯洛格和梅隆建立的基金会并列。

财商高的人认为回报社会应当是天经地义的事情。有些人可能难以相信，那些世世代代享用过精神、文化事业好处的人们可能会纪念比尔·盖茨，因为他用自己的钱建设了美国的精神、文化产业，是他为大家提供了方便。因此，金钱是精神、文化的一部分。

树立正确的金钱观

现代社会从本质上说是一个经济社会，一切可以计量经济价值的东西都可以被转化成简单的金钱关系。一句话，如果你没有钱，享受生活便无从谈起，只要你有钱，你就可以换取你所需要的许许多多的东西，你就可以无忧无虑地去尽情享受生活赐给你的幸福。但这样讲，并不是如人们常说的那种财富、金钱万能，比如真正的爱情、友情之类，大家都明白是无法用金钱来买卖的。但金钱又的确是多能的，即使爱情、友情之类的东西，在现代社会中如果没有物质基础来作支撑，则未必真正能够给你带来长久的幸福。而缺了钱，"一分钱难倒英雄汉"之类的铁的事实却常常能把人逼得半死，那真正是没有钱便寸步难行。

说金钱"带来"幸福而不是"等于"幸福，还有一个根本性的怎样使用金钱的问题。也就是说，你要做财富和金钱的主人而不是奴隶，做主人便意味着你是一个真正意义上的大气的人，一个正直而高尚的人，那么你在按照自己的意愿去统率、支配财富和金钱时，幸福感才会油然布满你的全身。

这就是金钱的魅力。

真正懂得了这个魅力，你的金钱欲望就会迅速从你的心底充溢起来。

除魅力之外，每个人在其一生中都会有许多大大小小的心愿、理想，而自己的心愿和理想的实现，无疑会获得一种满足感、幸福感。但是，任何人为实现自己的心愿和理想去搞什么活动、办什么事业，都离不开经费，而要搞大活动、办大事业，一般人在经济上更是难以承担。所谓心有余而"钱"不足、"钱"不从心之类的憾事，不知难倒了多少本来是有能力有水平去实现自己的心愿和理想的英雄好汉。这些事屡屡发生在我们的身边，令人望"钱"兴叹！

财商高的人就不同了，他们有足够的财力去实现自己童年的某个梦想，或者是青年时代的某一兴趣，抑或壮年时的某种抱负，甚至是老年时产生的某样心愿。

是的，财商高的人可以完全摆脱了经济利益的束缚，毫无功利地投入到"美好理想"的建造中。那才真是一种大幸福、大满足。

沃伦·比尔克在自己的中学母校设立了100万美元的奖学金，每年奖励10位学习普通但出勤率高、态度积极的学生。这一方面是对他在罗斯福中学时所走过道路的追思，另一方面也更重要的是，这项奖学金寄寓着他鼓励那些像他那样的普通学生也能通过自己的努力而成功致富的期望。

金融巨头索罗斯一方面在世界各地到处刮起金融风暴，另一方面又对政治抱有极高的热情。他自己曾说过："从孩童时代起，我就抱有相当强的救世主幻想……踏进这个世界后，当现实和我的幻想拉得很近时，使我敢于承认自己的秘密……这使我快乐许多。"的确，当索罗斯拥有数不清的巨额资产之时，他骄傲地宣称："我的成功使我重拾儿时无所不能的幻想。"于是，他开始使用他的特殊武器——金钱，在世界各地的政治舞台上大展拳脚，去追求他理想中的开放社会。

1980 年，他开始给东欧的"异己分子"以经济资助。

1984 年，他以每年捐助 300 万美元的规模，在匈牙利成立了基金会，进行文化教育活动。

1989 年，他想与美国总统布什商谈对付苏联的新策略，并渴望与戈尔巴乔夫会晤，尽管这些目的没有达到，但他还是用 1 亿美元建立了国际科学基金会，使俄罗斯 3 万多名科学家每人平均拿到了 500 多美元的资助。

与此同时，能用金钱来实现自己的心愿，造福于子孙万代者，最具有代表性的莫过于诺贝尔。

诺贝尔的名字全世界几乎无人不知，他所设立的诺贝尔奖具有世界上任何大奖都无法比拟的影响。可以说，诺贝尔奖对世界历史进程的影响比诺贝尔本人的所有发明和产业都要巨大得多。

人称"炸药大王"的诺贝尔一生中所积累的财富是巨大的，即使在今天来看，也堪称为巨富。他的财产总共约有 330 多万瑞典克朗。诺贝尔一生未婚，但有其他亲属，他完全可以把这笔财产留给他们。然而，晚年的诺贝尔在考虑财产安排的时候，更多地想到的却是如何用这笔财富去推动人类的文明和进步。

诺贝尔是个伟大的发明家，他发明的炸药在工业和建筑等行业中发挥了很大的作用，但炸药也可以被用于战争，成为杀伤人的有力武器。任何事物都具有两面性，是好是坏全在怎样运用，这本是无可奈何之事。然而，诺贝尔对此却怀着深深的不安，因此，他希望把自己的财富献给整个人类的和平、幸福和进步事业！

诺贝尔为了实现他的这一伟大心愿，在他生前的最后 10 年里，曾先后 3 次立下过非常相似的遗嘱，最终设立了如下 5 项大奖：

（1）在物理方面作出最主要发现或发明的人；

（2）在化学方面作出最重要发现的人；

（3）在生理或医学领域作出最重要发现的人；

（4）在文学方面曾创作出有理想主义倾向的最杰出作品的人；

（5）曾为促进国家之间的友好、为废除或裁减常务军队以及为举行与促进和平会议做出最大或最好工作的人。

同时，诺贝尔在遗嘱中还明确规定："在颁发这些奖金的时候，对于受奖候选人的国籍丝毫不予考虑，不管他是不是斯堪的纳维亚人，只要他值得，就应授予奖金。"这就使得诺贝尔奖跨越了国界的限制，成为有史以来世界上影响最大的奖项。

无须再举例了。钱，就是这样，当你把它用在正道上时，你就会看到它不断闪耀着的美丽的光辉，发射出无限的光芒，真正体现它的价值。

因此，树立正确的金钱观，是你提高财商、改变人生的第一步。如果你现在还不是财商高的人，只要你有正确的金钱观，你就已经迈向了成为财商高的人的第一步。人生中每一个第一步都是最重要的，但往往也是最难的。走好第一步，以后的路才会越走越顺。

在一些人那里，金钱是现实的上帝

钱对财商高的人来说，绝不仅止于财富的意义。钱居于生死之间，居于他们生活的中心地位，是事业成功的标志。这样的钱必定已具有某种"准神圣性"。钱本来就是为应付那些最好不要发生的事件而准备的，钱的存在意味着这些事可以避免发生。赚钱、攒钱并不是为了满足直接的需要，而是为了满足对安全的需要！

有个叫威尔逊的军人，由于他的军衔低微，受尽了富士兵和高级军官们的歧视。大家都看不起他，背地里经常议论他，他也饱尝了人们对他的各种侮辱。但是他拥有智慧的头脑。一开始他口袋里也没有钱，他就省吃俭用，积攒一笔小钱，然后他就把这笔钱借贷出去。在富士兵中花钱大手大脚的现象很普遍，他们总是等不到发薪水的时候，就囊中羞涩了，他们看到威尔逊有钱，就迫不及待地向他借。

威尔逊就借钱给他们，同时还要求他们在一个月内还清，且附带借贷的利息很高，但是那些士兵们早就管不了那么多了。威尔逊收到这些利息之后总是继续攒起来再借贷给那些士兵们。对于没有钱可还的人，威尔逊就让他们把一些值钱的东西做抵押然后再高价卖出去。这样，过了不多久，威尔逊就过上了富裕的生活。他还买了两部车和别墅，他变成了士兵里面的"大款"。这是高级军官也未必可以享受得到的生活。那些经常过山穷水尽、灰头土脸日子的白人士兵，对威尔逊趾高气扬的样子再也没有了。他们现在对威尔逊惊羡不已。

威尔逊用自己的富有为自己赢得了尊严。

财富不仅仅可以使你获得尊严，还可以使你获得你所能想象得到的很多东西，这些东西都和金钱有关系。在某种程度上说，有了金钱，你就拥有了大家仰慕的生活方式，有了大家对你的恭维和羡慕；你还有了发言的权利，"富有的愚人的话，人们也会洗耳恭听，而贫穷的智者的箴言却没有人去听"。在今天，金钱已经是你成功的标志和人生价值的重要衡量标准，在一些人的眼里甚至已经成为唯一的衡量标准。

富人认为金钱是上帝给的礼物，是上帝给人以美好人生的祝福。对金钱的热爱不仅仅局限于现实生存的需要，而是一种精神的寄托，更是美好人生的必需手段和工具。

在一些人那里，金钱就成为人们现实的上帝。

金钱≠成功

成功不是以金钱来衡量的。面对金钱，穷人，包括其他一些渴望成功的人们都想在狂热梦想中等待成功，但他们却不懂得一个基本的原理，那就是金钱不是衡量成功的唯一标准。财商高的人虽然看重金钱，但是更看重做人的成就感。一位著名的富豪曾经这样说："工人的工资是按工作能力或工作效果支付的，然而，人们的成就绝不是以银行存款来衡量的。"多少伟大的成功者，他们并不是富豪，相反穷得可怜。印度伟大的政治家甘地，死后留下的遗产只是两只饭碗、两双拖鞋、一副眼镜和一块老式怀表而已。海伦·凯勒，这位成功者的典范，她克服了先天的障碍，以实际行动证明了盲聋之人并非毫无前途，从而给了千千万万如她一般的人以生活的勇气，使他们得到启发，不再消沉，但她却并不富有。圣弗兰西斯曾影响过多少王族统治者、高僧圣者、艺术家，以至凡夫俗子，就连今天，他死后 700 年，其影响力仍然深植人心，他可算是最有成就的穷人了。

那么，怎样成为一个成功的富人呢？学者威廉·詹姆斯总结出 3 条经常被人引用的箴言——

第一条箴言：在形成一种新习惯或摈弃一种旧习惯的过程中，我们都必须使自己在开始时具有尽可能强烈的和坚定的积极主动精神。利用所有那些能强化新的行为方式的因素，创设与旧的行为方式不相容的约束办法；如果情况允许，公开作出保证。简而言之，要利用你所知道的一切手段，维护你的决定。

第二条箴言：永远不容许一次倒退发生，直到新的习惯牢牢地扎根在你的生活中。每一次失误就像让一团仔细缠绕起来的线脱落一样，而一次脱落往往需要再次缠绕很多圈才能恢复原样。

在一开始就确保成功是绝对必要的。一开始的失败往往会消极地影响到今后所做的一切努力。反之，过去的成功经历能激发今后的努力。

第三个箴言可以加在前面两个上面：要抓住每一个可能的机会去实践你的每一个决心，并使自己获得鼓舞（这种鼓舞是你在获得你所渴望获得的习惯的过程中可以感受到的）。只有在决心和渴望产生动力效果的时候——而不是在它们形成的时候——它们才会向大脑传递一种新的"定向"。

无论一个人掌握的箴言怎样丰富，也不管他的见解有多么好，如果不利用每一个具体的时机去行动的话，他的性格恐怕永远也不会向更好的方面转变。仅有好的愿望是不能改变旧习惯的。

这一大段话已把道理说得十分透彻，我们可从中找到足够的依据来支持自己的决定。

一个人成功的标准不在于他得到多少，而在于他付出多少。而根据财商高的人的观点，要使自己的事业成功，必须具备以下几个要素：

（1）发掘自己独到的才智。人的才智各不相同，正如我们生来就有不同的指纹，每个人从事的职业可以相同，然而，他的才能却是他一个人独具的。

爱默生曾说过："每个人都有他自己的使命，他的才能就是上天给他的召唤……做某些事情娴熟自如，也容易把某些事情做好，说不定这事是别人做不好的……一个人的抱负也会与自己的能力相当，而巅峰的高度，正和基础的深度成正比。"

发掘出你独具的才能，这是必具的第一步，如果一味地人云亦云，鹦鹉学舌，没有主见和自我判断能力，那么即使表面上的成功也掩饰不了那极大的失败。

（2）诚实。每个人的思想中，都具有不撒谎、不行骗、不偷盗的道德观。莎士比亚说："你若对自己诚实，日积月累，就无法对人不忠了。"斯科特说："我一开始撒谎，就陷入了紊乱的罗网里！"

（3）热忱，以饱满的热情去迎接新的一天。

（4）不要让你所拥有的东西占据了你的思想情感。

（5）不要过于忧虑。

（6）不要留恋过去。

（7）尊重别人，而不要轻视任何人。

（8）承担起对世界的责任。

掌握了这8点要素，就掌握了成功的艺术，你的创业将会兴旺发达。

打造个人财务方舟

时代不同了，许多老的规则都要改变。穷人成天考虑的是如何维持生存，至于社会的变革、信息的变化，他们很少留心。当听到"时代不同了，你要改变你的规则"时，穷人会抬起头来表示同意，当他们再埋头工作时，仍然走老路子。我们的社会进入信息时代，与农业时代和工业时代不同，财富的代表已不再是土地、工厂，而是集中了智慧力量的各种信息，如知识、创意网络等。成功的财商高的人的历程也有鲜明的时代特点，创造财富不一定需要"千层商台，起于垒土"式的积累，创造财富的实力并不全看年龄、智商、教育背景和政治、财力基础，更重要的是要有更新的观念。

资产与负债的区别

如果你想致富，资产和负债的区别这一点你就必须明白，这是第一步规则，了解它可以为我们打下了牢固的财务基础知识。这是条规则，听起来似乎太简单了，但人们大多不知道这条规则有多么深奥，大多数人就是因为不清楚资产与负债之间的区别而苦苦挣扎在财务问题里。

财商高的人获得真正的资产，而穷人和中产阶级获得债务，但他们以为那些就是资产。

大多数情况下，这个简单的思想没有被大多数的成年人掌握，因为他们有着不同的教育背景，他们被其他受过高等教育的专家，比如银行家、会计师、地产商、财务策划人员等等所教导。难点就在于很难要求这些成年人放弃已有的观念，变得像孩子一样简单。高学识的成年人往往觉得研究这么一个简单的概念太没面子了。

是什么造成了观念的混淆呢？或者说为什么如此简单的道理，却难以掌握呢？为什么有人会买一些其实是负债的资产呢？答案就在于他所受的是什么样的基础教育。

我们通常非常重视"知识"这个词而非"财务知识"。而一般性的知识是不能定义什么是资产、什么是负债的。实际上，如果你真的想被弄昏，就尽管去查查字典中关于"资产"和"负债"的解释吧。其实资产就是能把钱放进你口袋里的东西；负债是把钱从你口袋里取走的东西。

曾有这样一对年轻的夫妇，随着收入的增加，他们决定去买一套自己的房子。一旦有了房子，他们就得缴税——财产税，然后他们买了新车、新家具等，去和新房子配套。最后，他们突然发觉已身陷抵押贷款和信用卡贷款的债务之中。

他们落入了"老鼠赛跑"的陷阱。不久孩子出生了，他们必须更加努力地工作。这个过程继续循环下去，钱挣得越多，税缴得也越多，他们不得不最大限度地使用信用卡。这时一家贷款公司打电话来，说他们最大的"资产"——房子已经被评估过了，因为他们的信用记录是如此之好，所以公司可提供"账单合并"贷款，即用房屋作抵押而获得的长期贷款，这笔贷款能帮助他们偿付其他信用卡上的高息消费贷款，更妙的是，这种住房抵押贷款的利息将是免税的。他们觉得真是太幸运了，马上同意了贷款公司的建议，并用贷款付清了信用卡。他们感觉松了口气，因为从表面上看，他们的负债额降低了，但实际上不过是把消费贷款转到了住房抵押贷款上。他们把负债分散在 30 年中去支付了。这真是件聪明事。

过了几天，邻居打电话来约他们去购物，说今天是阵亡将士纪念日，商店正在打折，他们对自己说："我们什么也不买，只是去看看。"但一旦发现了想要的东西，他们还是忍不住又用那刚刚付清了的信用卡付了款。

很多这种年轻夫妇，虽然他们名字不同，但窘境却是如此的相同。他们的支出习惯让他们总想寻求更多的钱。

他们甚至不知道他们真正的问题在于他们选择的支出方式，这是他们苦苦挣扎的真正原因。而这种无知就在于没有财务知识以及不理解资产和负债间的区别。

再多的钱也不能解决他们的问题，除了改变他们的财务观念和支出方式以外，再没有什么可以救他们的办法了。

正确的做法是不断把工资收入转化成投资。这样流入资产项的钱越多，资产就增加得越快；资产增加得越快，现金流入得就越多。只要把支出控制在资产所能够产生的现金流之下，我们就会变富，就会有越来越多除自身劳动力收入之外的其他收入来源。随着这种再投资过程的不断延续，我们最终走上了致富之路。

请记住下面这些话：

财商高的人买入资产；穷人只有支出；中产阶级买他们以为是资产的负债。

获得个人的财务自由

人类渴望拥有的是自由，"不自由，毋宁死"。但自由要有钱作为保障，有钱就有更多的自由和保障。如果你有足够的钱，那么你不想去工作或者不能去工作时，你就可以不去工作；如果你没钱，不去工作的想法显得太奢侈。所以你要追求财务自由而非职业保障。

怎样实现个人的财务自由呢？拥有多种收入来源和多次持续性收入，是一个人拥有个人财务自由和时间自由的基础。

过去，一个家庭的收入来源很单一。现在，很多家庭都有两个或两个以上收入来源，如固定工资加房屋出租的租金收入或其他兼职收入。如果没有两个以上的收入来源，很少有家庭能生活得非常安逸。而未来，即使有两个收入来源很可能也不足以维生。所以，你应该想办法让自己拥有多种收入来源。如其中一种出了问题，会有其他收入来源支持着。

在未来，人们需要为自己规划一套包含各种不同收入来源的收入组合，即使失去了其中一种收入来源，你也不会感觉到太大的影响，生活总会有保障。

你拥有几种收入来源呢？

假如你想多拥有一种收入来源，你可能会找一份兼职工作。但这并不是真正意义上的多种收入来源。因为你这是在帮别人"卖命"。你应该有属于自己的收入来源。

这个收入来源就是"多次持续性收入"。这是一种循环性的收入，不管你在不在场，有没有进行工作，都会持续不断地为你带来收入。

一般性收入来源可以分为两种：单次收入和多次持续性收入。

有研究表明，并非所有收入来源都是相同的，有些收入来源属于单次收入，有些则属于持续性收入。你只要问一下自己下面这个问题，就可以知道自己的收入来源是属于单次收入，还是多次持续性收入。

"你每个小时的工作能得到几次金钱给付？"如果你的答案是"只有一次"，那么你的收入来源就属于单次收入。

最典型的就是工薪族，工作一天就有一天的收入，不工作就没有。自由职业者也是一样，比如出租车司机，出车就有收入，不出车就没有；演员演出才有收入，不演出就没有；包括很多企业的老板，他们必须亲自工作，否则企业就会跑单，甚至会垮掉，这些都叫单次收入。

多次持续性收入则不然，它是在你经过努力创业，等到事业发展到一定阶段后，即使有一天你什么也不做，仍然可以凭借以前的付出继续获得稳定的经济回报。要想获得多次收入，通常有以下几种：

第一种方式，以一个作家为例，他在写书期间一分钱都赚不到，而是要等书出版后才会有报酬。这前后需要两年的时间，作家才能获得这个收入来源。但是，这种等待是值得的，此后，作家每半年就会收到一张相当优厚的版税支票。例如：金庸先生虽已退休隐居，但是每年的版税收入还是高达 2000 万新台币。这就是持续性收入的威力——持续不断地把钱送入你的口袋。

第二种方式就是银行存款。存款达到一定数额，你不用上班靠利息也能生活。利息属于典型的多次收入，但是银行的利率太低。你想每个月拿到 2000 元，差不多要有 150 万元的存款，还要交 20% 的利息税。

第三种方式是投资理财。就是通过购买股票、基金、房地产等项目使你的财富升值。但这首先需要你有一笔很大的资金，而且最好有非常专业的机构帮你运作，才能确保你的投入产生稳定的经济回报。这种方式在国内还不够成熟，风险比较大。

第四种就是特许经营。像麦当劳、肯德基的老板即使什么都不做，每个月也能够获得全球所有加盟店营业额的 4% 作为权益金——因为你加盟了他们，就得向他们缴管理费用。

其实，富人真正的财富，不在于他拥有多少金钱，而是他拥有时间和自由。因为他的收入来源都是属于持续性收入，所以他有时间潇洒地花钱。

因此，财务自由不是在于拥有多少钱，而是拥有花不完的钱，至少拥有比自己的生活所需要更多的钱。在富人看来，金钱数量的多少并不是问题的关键。问题的关键在于，我们怎样看待金钱，怎样根据自己的收入制定合理的开支计划。在获得财务自由的同时，我们还应关注精神的升华，获得心灵的宁静平和。

做金钱的"总司令"

一旦人们为支付生活的账单而整天疲于奔命，就和那些蹬着小铁轮子不停转圈的小老鼠一样了。老鼠的小毛腿蹬得飞快，小铁轮也转得飞快，可到了第二天早上醒来，他们发现自己依然困在老鼠笼里。

一般的人们，如中产阶级和穷人，他们都在为钱而工作，他们害怕没有钱，不愿面对没钱的恐惧，对此他们作出了反应，但不是用他们的头脑。他们的感情代替了他们的思想，正是如此，他们不去分辨真相，不去思考，只是对感受作出反应。他们感到恐惧，于是去工作，希望钱能消除恐惧，但钱不可能消除恐惧。于是，恐惧追逐着他们，他们只好又去工作，希望钱能消除恐惧，但还是无法摆脱恐惧。恐惧使他们落入工作的陷阱。挣钱、工作、挣钱，他们希望有一天钱能消除恐惧。但每天他们起床时，就会发现恐惧又同他们一起醒来了。恐惧使成千上万的人彻夜难眠，忧心忡忡。

我们要冷静地面对金钱，控制你的金钱，在你的人生各个阶段制定好你的用钱计划是非常必要和重要的。另外就是进行投资，用钱来赚钱，等你的财富资产积累到一定程度后，你的资产将会为你带来源源不断的财富，你便会最终实现财务上的自由，此时，你可以得意地说："我是金钱的'总司令'。"既然是金钱的主人，那就理所当然地让金钱为你工作，你也可以用金钱举办慈善事业、公益事业、教育事业等等一切有益于大众、有益于社会的事。

第三章

掌握创富的诀窍

第五课　思考帮助致富

正确的思考方法的培养

肿瘤的特殊治疗方法

斯卓芬大夫曾经对一个患有肿瘤的妇人的情形进行过这样的描述：他们把她放在手术台上，然后施以麻醉。老天！她的肿瘤这个时候立即消失了，手术对于她来说再也用不着了。

但当她清醒后那个肿瘤又回来了。医生们这时才发现，一位真正患有肿瘤的亲戚一直和她住在一起，她有着丰富的想象力，因此想象她自己也患了肿瘤。

医生再度把她放在手术台上，施以麻醉。为了使那个肿瘤在她恢复后不至于再出现，他们在她的腹部中央绑上了绷带，并在她苏醒后告诉她，已经对她做了一次成功的手术，但她必须继续绑几天绷带。医生们的话得到了她的信任，那个"肿瘤"在绷带拿下来之后再未出现。而事实上，她并未动过任何手术，只是患有肿瘤的想法从她的潜意识中除去了。同时，由于实际上真正的肿瘤在她身上并未生过，当然她就可以维持正常了。

身体生病可能由人类的意识生病所造成的。在这种时候，治疗它需要一个更强烈的意识给他以指示，特别是使他对自己产生信心。

车祸的礼物

美国最好的一位雕刻师，他以前其实是一名邮差。有一天他搭上一辆电车，但是却发生了车祸，他的一条腿因为这场不幸的车祸而被切掉了。电车公司付给他5000美元作为赔偿。他把这笔钱用来上学，终于成为了一名雕刻师。与他用双脚当一名邮差所能赚到的钱相比，他用自己的想象力加上双手制成产品赚到的要更多。由于电车车祸的发生，他不得不改变自己的努力方向，结果他的丰富想象力也因此被自己所发现了。正因为不放弃希望，以积极的心态来努力，他才能在残疾之后更好地实现自己人生的价值。

费里波·艾玛尔的远见

费里波·艾玛尔善用自己的预见性，这给他经营的美国亚默尔肉食品加工公司带来了很大的好处。

一天，费里波在当天的报纸上看到一条新闻：类似瘟疫的病例在墨西哥出现了。他马上联想到：如果瘟疫真的在墨西哥发生了，则与之相邻的加利福尼亚州和德克萨斯州一定会受到传染，而整个美国也会从这两个州开始受到传染。而事实上，美国肉食品供应的主要基地就在这两个州。如果事情真是如此的话，肉食品一定会大幅度涨价。于是他立即集中全部资金购买了邻近墨西哥的两个州的牛肉和生猪，并把它们及时运到东部；不仅如此，他还立即派医生去墨西哥考察证实。瘟疫不久之后果然传到了美国西部的几个州，于是美国政府下令禁止外运这几个州的食品和牲畜。一时间，美国市场肉类奇缺，价格暴涨。在短短几个月内，费里波就净赚了900万美元。

正确的思考方法将会让你的眼光长远。

绝不放弃希望

拿破仑·希尔自己就遇到过这样一件事情，他的叙述如下。

尼尔的妻子不幸得了肺炎。当我赶到尼尔家中时，他说了这样一句话："如果我妻子因为这场肺炎而死了的话，我将不再相信上帝。"而我之所以来到尼尔家，是尼尔妻子把我请过来的，因为医生告诉她这样一个消息——她已经无法再活下去了。

她把丈夫叫到床边道别，然后，她请求把我找来。

我赶到尼尔家的时候，尼尔正在前厅哭泣，而他的两个儿子正在尽量安慰他们的父亲。尼尔的太太情绪很低落，呼吸也已经十分困难了。我很快就发现，这位尼尔太太是要将她的两个儿子托付给我，拜托我在她死后照顾他们。这时候，我鼓励她说："我不相信上帝会要你死，因为你一向强壮而健康，生命力旺盛，你不会死的。他不会让你把儿子托付给任何人，所以你绝对不能放弃希望。"

谈了很久，我们甚至做了一次祈祷。我告诉她，要相信上帝，以全部的意志及力量来对抗死亡。然后，我离开了。临行前我说："教堂礼拜结束后，我会再来看你。到时候，我将会发现，你比现在好多了。"

我又去拜访的时候，她的丈夫面带微笑迎接我。他说，我早上一离开，他太太就说道："希尔博士说我不会死，我将会康复。我现在真的好多了。"

后来，她真的康复了。她对自己的信心促进了她的康复。人类意志所能产生的力量真是相当惊人。

推销梳子

在洛杉矶有一个梳子制作工厂招聘推销员，厂长别出心裁地安排了一道考试题测试 3 个竞争者，以便从中选拔出最为合适的推销员。

他将 3 个候选人集中到一家敬老院，这家敬老院中有许多秃顶的老人。然后厂长对 3 个竞聘者说："你们需要把我们的产品推销给这家敬老院。"

3 个人的脸上都露出了为难的神色，其中一位一开始就选择了放弃。第二个应聘者径直找到了敬老院的负责人，然后对他和颜悦色地说："这家敬老院所处的位置正是一个风口，许多有身份的人经常会来此举行慈善活动。如果你能向他们提供一些梳子以便他们整理被大风吹乱的头发的话，那将是一种非常周到的服务。"

这位负责人觉得这番话很有道理，于是决定先购买 10 把梳子以看效果。厂长在一边看了，暗暗点头。

第三位应聘者接着也找到了这位负责人，他比前一位显得更加熟练和温和。他先拿起这位负责人留在桌上的一堆文件看了看，然后惊呼他的字迹是多么的漂亮，简直可以拿来做练字的典范了。"像您这么优雅的书法，如果无法被别人所学习和欣赏，那岂不是太可惜了吗？"这位负责人早已经被吹捧得昏了头脑，在心中已经暗暗骄傲起来了。于是推销员不失时机地递上一把梳子，说："如果您能在这些梳子上写上'某某敬老院欢迎您，并且请您亲自为亲人梳梳头'，这样既宣传了敬老院，同时也表现了您的书法水平，岂不是两全其美的好事情吗？"

负责人当然高兴不已了，当即决定常年订购这家工厂的梳子。而这位推销员后来也成了这家工厂的首席销售代表。

培养自己的远见

骑驴的故事

有一对父子赶着驴子去集市买食品。起初，儿子走路，父亲骑驴。路人看见他们经过，就说："那可怜的小家伙在步行，那强壮的汉子却坐在驴背上。那汉子真狠心呀！"

听到这样的话，父子俩于是决定：儿子骑驴，父亲走路。可是这样一来，人们又说："儿子骑驴，父亲走路。儿子真不孝顺呀！"

听到这样的议论，父子俩又决定两人一齐骑上去。这时路人说："两个人骑在那可怜的驴上。这对父子真残忍呀！"

没有办法，父子俩只好都下来走路。结果路人又说："那头壮实的驴子什么东西都没有驮，这两个人却不骑上去而自己步行。他们真愚蠢呀！"

结果，用了整整一天他们才到达集市。这个时候，人们惊讶地发现，那头驴竟被父子俩一起抬着来到了集市！

有时候，我们也会像这两个赶驴子的人一样，因为过分担心所受到的压力而看不清方向，忘记了自己的目标。

跳蚤限制自己跳的高度的原因

在跳蚤马戏团里，这些极小的昆虫能跳得很高，但却有个限度，它们跳的高度是无法超过这个高度的。似乎每只跳蚤都默认一个看不见的最高限度。你知道这些跳蚤限制自己跳的高度的原因吗？

开始训练时，马戏团的训练师都把跳蚤放在一个有一定高度的玻璃罩里。这些跳蚤在开始的时候还试图跳出去，但每次它们都会撞在玻璃罩上。它们这样跳了几下之后，就会放弃尝试了。这样，即使在拿走玻璃罩的情况下，它们也不会跳出去。为什么会这样呢？原因是跳蚤通过过去的经验懂得：它们是跳不出去的。就这样，这些跳蚤成了自我设限的代表。

埃罗提升的秘诀

差不多同一时间，埃罗和布罗受雇于同一家超级市场。大家在开始时都一样，从最底层干起。可不久之后，总经理比较青睐埃罗，他一再被提升，从领班直到部门经理。

布罗却还在最底层混，像被人遗忘了一般。终于有一天，布罗觉得忍无可忍了。他痛斥总经理狗眼看人低，不提拔辛勤工作的人，反倒让那些吹牛拍马的人得到提升，然后向总经理递交了辞呈。

他的这些抱怨总经理都耐心地听着，这个小伙子他很了解工作内容，工作肯吃苦，但似乎缺少了点什么。缺什么呢？这个问题三言两语说不清楚，就算说清楚了他也不服，看来……忽然间，总经理想到了一个主意。

总经理说："布罗先生，您马上去看看集市上今天有卖什么的。"

没过多长时间，布罗就从集市回来说，刚才只有一个农民拉了车土豆在集市上卖。

总经理问："一车大约有多少袋、多少斤？"布罗又跑到市场去，回来说有 10 袋。

"土豆的价格是多少？"总经理又问。布罗只好准备再次跑到市场上。

"请休息一会儿吧，看埃罗是怎么做的。"望着跑得气喘吁吁的布罗，总经理对他说。

说完，总经理就把埃罗叫来，对他说："埃罗先生，您马上去看看集市上今天有卖什么的。"

很快，埃罗就从集市回来了。他向总经理汇报说，到现在为止集市上只有一个农民在卖土豆，有 10 袋，质量很好，价格适中。不仅如此，他还带回几个让经理看。另外他又说，这个农民过一会儿还会弄几筐西红柿到集市上去卖，他认为可以进一些货，因为据他看价格还算公道。考虑到总经理可能会要这种价格的西红柿，所以他不仅把几个西红柿带回来做样品，而且把那个农民也带来了。那个农民现在正在外面等回话呢！

看了一眼脸红的布罗，总经理说："请他进来。"

埃罗之所以在工作上取得了一定的成功，是由于他比布罗多想了几步。

想象无边界

可口可乐的诞生

大约 100 年前的一天，一个年老的乡村医生驾着他的马车到了一个小镇。在那家他常去购药的药房，老医生与一个年轻的药剂师做了一桩买卖。这桩买卖看起来并不惊人，然而药剂师和这个老医生却谈了足足有一个小时。后来，老医生带着年轻的药剂师来到马车上，取回了一块用来搅动壶里东西的木制橹状的木板和一只老式铜壶。在检查了那只老铜壶后，年轻的药剂师一次性将 500 美元付给了老医生。随后，老医生才将一张写着秘密配方的小纸片交给了年轻的药剂师。

一种可以生津止渴的特殊饮品装在那个铜壶里，而那张小小的旧纸片上就写着它的制造配方。这配方是那个乡村老医生的创意——想象力的产物。年轻药剂师之所以倾其所有将此创意买了下来，是因为他对这种特殊饮品有信心。那个乡村医生的配方有多神奇我们无法肯定，这个年轻的药剂师对这个配方进行了多大程度的修改也难以确定。但是，这个叫爱撒·肯特拉的年轻药剂师，往老医生的秘方中加入一种秘密成分后，确实研制出了一种畅销全球的美妙饮品——可口可乐。

如今，由于这个极富想象力的创意，老医生和爱撒·肯特拉为他们自己带来了源源不断的巨大财富。

10 元新钞的作用

成功学专家在几年以前，曾经接到了一位年轻人的来信。在信中他提到，他是一个刚从商学院毕业的学生，希望能成为成功学专家办公室中的一名职员。除此之外，他在信中还夹着一张从未折叠过的崭新的 10 元钞票。这封信的内容是这样的：

我是刚刚从一家一流的商学院毕业的学生。因为我了解到，一个年轻小伙，在他刚刚开始他的职业生涯的时候，如果能够幸运地在像您这样的人的指挥下从事工作，那就实在太有意义了。所以我希望能进入您的办公室工作。

随信附上的 10 元钞票，是在第一周中您给我指示所花的时间的报酬，我希望您能收下这张钞票。我愿意在第一个月里免费为您工作，您可以在一个月之后，根据我的表现再决定我的薪水。我对这项工作的渴望程度，超过了我至今为止对任何事情的热望，我愿意为获得这项工作而做出任何合理的牺牲。

最终，这位年轻人成为了成功学专家办公室中的一名职员。他之所以能够获得他所希望得到的机会，全是因为他的想象力。

一家人寿保险公司的总裁得知了这件事后，立即以相当高的薪水请这位年轻人去当他的私人秘书。当年的这位年轻人，今天已是世界上最大一家人寿保险公司的重要负责人了。

天才的构思

在位于加州海岸的一个城市，人们把所有适合建筑的土地都开发出来并予以利用。城市的一边是一些无法作为建筑用地的陡峭的小山，而另外一边的土地，因为地势太低，每当海水倒流时总会被淹没一次，所以也不适合盖房子。

有一天，这座城市来了一位具有想象力的人。这个人和所有具有想象力的人一样，具有敏锐的观察力。他在到达的第一天就立刻看出了这些土地赚钱的可能性。那些因为山势太陡而无法使用的山坡地和每天都要被海水淹没一次而无法使用的低地都被他预购了，而且，因为这些土地被认为并没有什么太大的价值，所以他预购的价格很低。

那些陡峭的小山被他用几吨炸药炸成松土，随后被几辆推土机推平。这样一来，原来的山坡地就成了很整齐的建筑用地。另外，多余的泥土也被他雇用一些车子填在那些低地上，使低地超过了水平面。因此，这些低地也变成了整齐的建筑用地。

通过这些行动，他赚了不少钱，那么这些钱他是怎么赚来的呢？

只不过把某些没有用的泥土和想象力混合使用，即把某些泥土从不需要它们的地方运到需要它们的地方罢了。

这个人被那个小城市的居民视为天才，而他确实也是天才。只要我们能像这个人这般地运用想象力，那么，任何人都可以成为一位天才。

想象练习的效果

一项实验曾被美国的《研究季刊》报道过，这项实验证明了想象练习对投篮技巧改进的作用。

第一组学生被要求在 20 天内每天练习实际投篮，他们第一天和最后一天的成绩都被记录下来。

第二组学生则在此期间不做任何练习，他们第一天和最后一天的成绩也被记录下来。

第三组学生被记录下第一天的成绩，然后在以后的每天里，花 20 分钟做想象中的投篮。他们在投篮不中的时候，便在想象中做出相应的纠正。

以下就是实验的结果：

每天实际练习 20 分钟的第一组学生，进球增加了 24%；

没有进行任何练习的第二组学生，毫无进步；

每天想象练习 20 分钟的第三组学生，进球增加了 26%。

小型电脑的发明

哈兹原是一家电脑公司的实习员。在公司里，他经常搞一些业余研究，但是他的这些业余研究成果却一直没有得到采纳。没有办法，他只好外出兜售。莱茵一威斯特法伦发电厂对他非常赏识。该工厂预支给了他 3 万马克，让他在该厂的地下室对两台供结账用的电脑进行研究。他在不久之后获得成功，创造出了一种成本低廉而且简便的小型 820 电脑。由于在当时，只有大企业才用得起还是庞然大物的电脑，因此，他所创造的这种小型电脑一问世就立即引起了轰动。他是如何想到要搞这种成本低廉的小型电脑的呢？"从电脑的普及化倾向中，我看到了市场的空隙，因此意识到微型电脑有着进入家庭的巨大潜力。"这就是他的回答。在他的大脑中有着富于想象力的预见性，他甚至"看到"电脑摆在了每个工作台上。可以说，他之所以能获得成功并成为巨富，正是由于这种预见性和想象力。

"偷懒"的结果

哈斯是个普通的德国农民，他常常花费比别人更少的力气而获得更大的收益，原因就是他爱动脑筋。因此，当地人都称他是个聪明人。

到了土豆收获季节，德国农民就进入了最繁忙的工作时期。他们不仅要从地里收回土豆，而且还要把它运送到附近的城里去卖。大家都要先把土豆按个头儿分成大、中、小三类，为的就是能卖个好价钱。可是这样做的劳动量实在太大了，每个人都希望能快点把土豆运到城里赶早上市，所以大家都只能起早贪黑地干。哈斯一家则显得有些与众不同，他们直接把土豆装进麻袋里运走，而根本不做分拣工作。结果每次他赚的钱都比别家的多，因为每次他家的土豆总是最早上市。这就是哈斯一家"偷懒"的结果。

原来，每次向城里送土豆时，哈斯总是开着车跑一条颠簸不平的山路，而没有走一般人都走的平坦公路。因车子不断颠簸，两英里路程下来，落到麻袋最底部的就是小的土豆，而留在上面的自然就是大的。这样，卖的时候仍然是能够分开大小的。由于节省了时间，哈斯的土豆可以最早上市，价钱自然就能卖得最理想了。

农民哈斯这种利用自然条件进行逻辑想象的方法非常巧妙，这种方法能开启我们的大脑，虽然它看起来并不惊天动地。你可以在迈向自己的成功过程中做得更好，只要你具有这样的逻辑想象能力。

巧妙的广告策划

某日，在东京各大报纸上同时刊出了日本明治糕点公司的一个"致歉声明"。该声明的大意是说，最近一批巧克力豆，因操作疏忽，碳酸钙含量超出了规定标准，公司特表歉意；请购买者向销货点退货，公司将统一收回处理云云。声明刊出以后，该公司认真负责的精神得到了人们的大加赞赏。其实，该公司早就预见到，对人体而言，碳酸钙多一点儿并无多大的影响。为此区区小事，也不会有多少人专门跑路去要求退货。但这种兴师动众的宣传，却可以给顾客留下良好印象，从而使明治公司声名鹊起。

这个声明实在是一种十分巧妙的广告策划。从此以后，明治公司的商品更加受顾客的青睐了。

你尚有潜能可挖

农夫的奇迹

在谷仓前面，一位农夫正注视着一辆轻型卡车快速地开过自己的土地。开着这辆车的正是农夫 14 岁的儿子，他还不够资格考驾驶执照，因为他的年纪还小，但是他十分着迷于汽车，而且似乎已经能够驾驶一辆车了。因此他得到了农夫的准许，在农场里开这辆客货两用车，但是他还是没有得到准许到公路上开车。

但是突然间，汽车翻到了水沟里。农夫感到非常惊慌，他急忙跑到出事地点。农夫看到沟里有水，而他的儿子躺在那里，被压在车子下面，露出水面的只有儿子的头的一部分。

根据报纸上所说，这位农夫并不很高大，他有 170 厘米高，70 千克重。但是为了救自己的儿子，他毫不犹豫地跳进水沟，把双手伸到车下，抬高了车子。跑来援助的另一位工人从车子下面把那失去知觉的孩子抬出来。

当地的医生很快赶来了，他给男孩做了一遍检查，发现男孩只受了一点儿皮肉伤，其他毫无损伤。

农夫在这个时候却开始觉得奇怪起来了，刚才他根本没有想一想自己是不是抬得动就马上去抬车子了。由于好奇，他就又试了一次。结果这一次那辆车子根本就没有动。医生说这是奇迹，并解释说，在紧急状况下，身体机能会发生反应，肾上腺会分泌出大量激素，然后传到整个身体，额外的能量就产生出来了。这是医生唯一的解释。

鹰的寓言

有一个男孩在父亲的养鸡场附近的一座山上发现了一个鹰巢。他把一只鹰蛋从巢里拿了出来，带回养鸡场之后，把鹰蛋和鸡蛋混在一起，让一只母鸡来孵。结果，一只小鹰出现在了孵出来的小鸡群里。小鹰不知道自己除了是小鸡外还会是别的什么，因为它是和小鸡一起长大的。起初，它过着和鸡一样的生活，而且它感到很满足。

但是，当它逐渐长大的时候，它的内心里出现了一种不安的感觉。我一定不是一只鸡！它不时地想，只是一直没有采取什么行动。直到有一天，在养鸡场的上空翱翔着一只老鹰。这个时候，小鹰感觉胸膛猛烈地跳着，它感觉到自己的双翼有一股奇特的新力量。它抬头看着老鹰的时候，心中出现了这样一种想法：我不应该待在养鸡场这种地方。我要飞上青天，栖息在山岩之上。

它的内心里有着力量和天性，虽然它从来没有飞过。它展开了双翅，飞到一座矮山的顶上。它觉得非常兴奋，于是又飞到更高的山顶上，直到最后冲上了青天——它终于发现了真正的自己。

关于大衣的提问

潜能最有可能被强迫性的压抑所克制，所有人都不会对压抑的东西感到舒服，比如下面故事里的女明星。

美国电影明星辛吉亚·基布向来以讲究衣着而闻名。某次出席一个聚会的时候，她穿的是一件红色的大衣。第二天，许多亲友和记者就那件红大衣的事提出了问题，有如下面一些不同的问法：

（自由式）"昨天你穿的大衣是什么颜色的呀，基布女士？"

（半自由式）"昨天你穿的是一件红色的大衣，还是别的什么颜色的大衣，基布小姐？"

（选择式）"是白的，还是红的？"

（强迫式）"是淡红还是深红的？"

（肯定式）"是红的，是吗？"

（否定式）"不是红的吧？"

事后，谈起这件事的时候，基布说"否定式"的发问是她最不高兴听到的，对于"强迫式"也感到不愉快。她笑道："他们为什么不问我那是深绿还是浅绿的大衣？那样的话，我会爽快地回答说'是红色的'。"

如何解除压抑，发掘潜能

受压抑的人说话声音明显细小，表现得信心不足。大声谈话是解除压抑的有效方法——尽量提高音量，但不必大声喊叫或愤怒，只要声音比平时稍大就行。它可以调动起全身15％的力量，使人能比在压抑状况下举起更重的物品。科学实验对此的解释是，大声叫喊能解除压抑，能调动全部潜能——包括那些受到阻碍和压抑的潜能。

心理暗示与潜意识

美国教官的训练方法

20世纪60年代，一批新兵来到了美国军队的一个新兵训练营。这些新兵的文化程度很低，卫生习惯也非常不好，还沾染了许多不良行为。军营教官想了很多办法，为的就是把他们训练成合格的军人。教官印发了一些家信，要求新兵们阅读这些信，还要求他们阅读完之后仿照着给自己的家人写信。教官要求他们在信中告诉家人，在军队中他们养成了新的、好的生活习惯。说来奇怪，这些新兵从此以后果真克服了以往的坏习惯。他们一个个变得懂礼貌、讲卫生、守纪律，而且精神焕发，俨然是标准的军人。这其中的原因是什么呢？这主要是由于在阅读和写信的过程中，他们受到了暗示，他们认为自己已经是一个标准军人了。于是在自觉或不自觉中，他们开始用军人的规范来要求自己的言行举止。这样，他们就克服了以往的不良习惯。

舒拉普的巧妙方法

恰瑞斯·舒拉普是一家连锁工厂的老板。有一家工厂的生产情况在所属的众多工厂中显得特别差。那位厂长被舒拉普找去，汇报为什么他们厂的生产情况比别家差得多。厂长说工人就是提不起工作的兴趣，不管他用什么方法——命令、奖励，甚至巴结奉承。

当时正好是夜班和白班交班的时候。舒拉普拿了支粉笔，走向了车间。他向一位快下班的白班工人问道："你们今天共浇铸了几次？"

那位工人回答说："6次。"

舒拉普写了一个很大的"6"在地板的通道上，然后一句话也没有说就出去了。

地上的字被夜班工人进厂时看见了，他们就问白班工人那是什么意思。

"老板刚才进来，问我们浇铸了几次，我回答说浇铸了6次，他就写了一个6在地板上。"白班工人回答说。

舒拉普第二天早晨又来到了车间，这时候他发现写在地板上的"6"已经被"7"所取代。

看见了地板上的"7"，白班工人就知道夜班工人的成绩比他们好，他们的竞争心理不觉产生了。于是，白班工人在下班的时候更得意地写了个"10"在地板上。从此以后，工厂的生产量与日俱增。

医院的故事

成功学专家说："自我暗示是意识与潜意识之间互相沟通的桥梁。"自我暗示可以使意识中最具力量的意念转化到潜意识里，成为潜意识的一部分。也就是说，我们可以通过有意识的自我暗示，将有益于成功的积极思想和感觉洒到潜意识的土壤里，使其能在成功过程中减少因考虑不周和疏忽大意等导致的破坏性后果。所以，通过想象不断地进行自我暗示，很可能会成就一个创富者。

一个医生在给一位病人进行肺部透视时，突然发现有颗钉子把自己的白大褂钩了一个洞，于是他情不自禁地说："啊呀，好大的一个洞！"医生不经意的这一句话让正在接受透视的病人大惊失色，他以为医生说自己肺上有个大洞，所以顿时昏厥了过去。这个结果就是医务人员的语言不慎给病人形成暗示所造成的。

这样的事情在成功学专家早年所在的医院里也曾经发生过——那纯属工作差错。因为编号填错了，两个胸部透视的病人的检查报告单被对方取走了。这两个病人，其中的一个本身是健康的，却因编号错误而被诊断为患有肺结核。后来，这个健康的人因受到错误的报告单的暗示，最终住进了医院；而那个真正患有肺结核的病人却不治而愈了。这种现象令许多人都感到非常吃惊，很多人也因此开始关注心理学的研究。

奇妙的啤酒广告

在美国，有家饮食店的门外摆了一个大酒桶。"不可偷看！"引人注目地写在桶壁上，但是桶周围却无遮无拦。凡路过的人，本来对这个大酒桶毫无兴趣，但看到桶上这几个字，也会在好奇心的驱使下停下脚步往桶里看个究竟。可见，从字面上看，"不可偷看！"是对看的行动的一种抑制，但是起的实际作用却与此相反。经营者巧妙地通过暗示，利用了人的好奇心理，使得本来不想看的人也要看一下。饮食店老板的目的通过人们的"偷看"就达到了。因为桶里写着："我店的生啤酒与众不同、清醇芳香，一杯5元，请享用！"路过者的好奇心又被"与众不同"激起来了，他们会想花5元钱去尝试一下他的酒与众不同之处到底在哪里。老板的生意就通过这样的方式做大了。

别出心裁的酒广告

在宣传一家酒厂产品的电视广告中，有这样一段话："××酒厂厂长敬告广大消费者：饮酒过度有害健康，饮酒适量方为有益。"人们在观察、思考问题时，往往习惯于从正面入手，久而久之则成了一种思维定势。但是凡事总有正反两个方面。看惯了锦上添花的盛景，听多了阳春白雪的高调之后，人们就会变得熟视无睹、听而不闻。若此时能来一个朴实无华的"白描"或别开生面的"低调"——也就是反其道而行之，就能给人们一种新感觉，从而另辟一片天地。酒厂厂长可谓别出心裁，他劝消费者不要过度饮酒，给人留下了深刻印象。

第六课 亿万富翁善于掌控
自己的时间和生活

将计划做得天衣无缝

没有人可以不劳而获，也不可能一夜成功。订立明确的目标，把明确的目标记录下来，可使你更清楚地了解你所希望的是什么。它既可提醒你明确目标，也可以暴露出目标的缺点。

做任何事情都需要计划。计划是一个长远的蓝图，有了计划，你做起事就有了明确的方向，驶向远方的汽车就有了地图，飞机就有了航线，轮船就有了航标。因此，要赚钱，先画一幅赚钱的蓝图很重要，只是在画赚钱蓝图之前，你应问问自己，你到底想要多少钱？很多事情都不可能用数字量化，但财富却可以量化，可以清楚衡量你到底拥有多少。无疑，钱的价值常常在变，但无论货币价值怎样变化，你可以按照情况调整实际的数目。无论追求任何目标，你都要订得明确清楚，要非常具体，你要问自己想要多少钱，明确地量化起来，作为指标，那才会产生动力，让你去采取行动获得它。

但你的目标订定得通过付出一定的努力能够达到最好。如果听说盖茨拥有上千亿美元的身家，你现在身无分文，却要想拥有3000亿美元，那是一个不切实际的想法。现实一点，但眼光可以放得远一些，就你目前的情况，再加上想象力和欲望，才能订出一个切合实际的目标来。

假定你目前年薪8万元，现在你订立目标，要拥有200万元的积蓄，这样，财富的目标就很具体了。"200 万元"，把这个数目写下来，最好用一张精美的纸印下来，收藏在日记本内或是装在画框内，经常对着这个数目，让你有获得这个数目的念头，融入你的潜意识，让你百分之百相信，你可以获得这样一笔财富。

要想将梦想变成现实，就要将你的思想动起来，发挥无限创意，让行动来支持你的目标。

当思想的力度足够强劲时，你就会问："你凭什么去获得这200 万元？"如果你还留在目前的工作岗位上，你做一生一世也赚不到 200 万。所以，你要运用想象力。首先去盘点一下自己的条件，你的条件也就是获得这 200 万元的条件，你要做些什么才能达到这个目的？

你可能考虑要换工作或者自立门户。如果条件还不充分，你要去进修，去学习，增加自己的条件将计划做好，再努力行动，才能奔向成功。

要做好计划首先要有一个明确的目标。

数年前，哈佛商学院的一个行为问题调查组对 100 名即将毕业的哈佛大学生进行一次调查，向每个人提出一个问题：

"10 年以后，你希望在什么地方，希望从事什么工作？"

这 100 名即将毕业的学生人人都对调查员说，他们想发财、出名、经营大公司，或者从事能影响和主宰我们所生存的世界等重要工作。

调查人员对得到的回答并不惊奇，因为哈佛大学历来就教育它们的学生，要出类拔萃，要保持名列前茅。从某种角度看来，这似乎理所当然，因为就凭他们念哈佛这一事实就足以说明了他们的优秀。

但是，在那些未来的杰出人物之中，令人们大为吃惊的事情出现了。被询问的 100 名学生中，只有 10 名年轻的挑战者将目标清清楚楚写了出来，说明他们什么时候即将取得什么成就，而其他学生皆没有写出各自的目标。

10 年以后，这些调查人员又对那 100 名毕业生再次进行调查，写出目标的 10 名学生的财产竟占那 100 名学生总财产的 96％。这意味着那 10 名学生的成功率超过同班同学的 10 倍。

19 世纪法国著名作家雨果说："人类的心灵需要理想甚于需要物质。"和雨果同时代的俄国伟大的作家列夫·托尔斯泰说得更加明确，他说："理想是指路明灯。没有理想，就没有坚定的方向，就没有生活。"其实，人们往往把"理想"和"目标"等同看待，启发人们去树立一个明确的奋斗方向，为社会和人类做出应有的贡献。

在芸芸众生中，有许多人成才了，然而也有不少人没有成才。其实成才与不成才之间的差距只是在于：成才的人，他们在成才之前，早就确立了自己的奋斗目标；他们的成才，只不过是长期向着自己的目标坚持不懈地努力的结果。不成才的人，他们没有自己的奋斗目标，今天不知明天要干什么，更不知今后要干什么。他们混一天算一天，最终也没有成功。

从众多杰出人才的成长历程看，他们之所以获得了巨大的成功，就是因为他们无一例外都是先确立了奋斗目标，然后才获得成功的。可见，目标的确立，对于一个人一生的成才与否是多么重要。

计划是实现目标的唯一手段。所谓"一等人计划明天的事，二等人处理现在的事，三等人解决昨天的事"，养成事前计划的习惯，确实是所有出色人士的共同特色。在企业界有这样一句名言：在计划上多花 1 分钟，执行时便可节省 10 分钟。这句话适用于每个人，事前良好地计划，加上养成按照计划执行的习惯，通常可以在最短的时间内完成目标，因此可以说计划是实现目标最重要的工具。

美国作家艾伦拉肯说："计划就是把未来拉到现在，所以你可以在现在做一些事来准备未来。"当你决定了人生的方向，知道自己真正要什么之后，就必须回到现实中。而计划是连接目前与未来、现状与目标的桥梁。有了计划，才知道要花多长的时间完成任务，因此追求出色人生的人，必须养成事前计划的习惯。

如果你写不出心中所想的明确目标，可能意味着你对这些目标的确信程度还不够。你一旦写出计划之后，每天对自己至少大声念一次，这样不但可以加强你的执著信念，也可以强化你内在的力量，并使你朝着目标前进。

需要说明的是，在朝着目标前进的路上，盲目蛮干只能使你筋疲力尽，无所作为。一个人的时间、金钱和精力是有限的，如果不能充分利用，将是一个巨大损失。拥有出色人生的人，大都能非常有效地利用时间、金钱和精力，并尽可能大地支配它们。出色的人之所以能够做到事半功倍，是因为他们总是为自己做好了计划。因此，能不能把一件事情办成功，一个很重要的因素就是看你有没有科学的计划和方案。科学的计划和方案就像是火车的轨道，有了轨道，火车就能够轻而易举地前进；没有轨道，火车将寸步难行。

科学的计划和方案又像是人的大脑，是指挥部。德国伟大的思想家歌德说过的"匆忙出门，慌忙上马，只能一事无成"，就是强调在做事情之前一定要有计划，不能鲁莽行事。高尔基说过："不知道明天干什么的人是不幸的。"所以，你不仅要树立远大的理想，还要制定科学的计划和方案去实现它。

所制定的计划要具体、有时限、长短兼备。例如，你计划在 5 年之内创作一部反映当代青年生活的长篇小说，具体会涉及情节的安排、知识的积累、人物的塑造等。你可以把设计情节作为"第一步"，这大概需要一个月的时间。如果过去了 1 个月你还没有设计出来，就要反省自己。一定要督促自己按时完成计划。

另外，一件事情的计划表要根据环境和具体事情发展的情况及时修正，尽量使计划表和实际相符合，使自己能够很好地按照计划完成任务。

时间是财商高的人最大的财富

在财商高的人的眼中，时间就是一切，时间是财富、是资源、是机遇、是创富的最大资本。抢得了时间就会抢得致富先机，浪费时间无异于挥霍财富。

据说，在瑞士，婴儿一出生，就会在户籍卡中为孩子登记姓名、性别、出生时间及财产等诸项内容。这里特别有趣的是，所有瑞士人在为孩子填写拥有的财产时，都会填上两个字："时间"。

你肯定听说过沃伦·巴菲特。他是华尔街活生生的神话，世界第二或第三富翁。他用传统的方式建立了自己的财富。如果你在1965年用自己的1万美元买进巴菲特的基金股票，以后几十年都不碰它，到了1998年，你的投资——将价值5100万美元！35年前，巴菲特基金每股价值为19美元。到了1998年底，每股7万美元。

生命就是时间，时间就是财富。对时间的计算，就是对生命的计算，对财富的计算。这个例子意味着，你如在1965年投资300美元，到今天即可剧增为100万！

时间和金钱是两种可以相互转化的资源。在财商高的人眼里，钱和时间成反比。如果你感觉时间太多，有时甚至多余，不知道怎么打发，那你的事业一定有问题。一个享受充裕时间的人不可能挣大钱，一个腰缠万贯的人也不会视时间如粪土。要拥有更多的钱必须牺牲相应的闲暇时间，要想悠闲轻松就会失去更多挣钱的机会。

穷人最缺的是钱，最不缺的是时间。在他们看来，时间这东西最不值钱，整天不知如何打发。有的干脆把时间消耗在许多无益的事情上，搓麻将，看电视，甚至睡懒觉。

富兰克林有一套特别的时间算账办法，可以给我们以启发："记住，时间就是金钱。假如说，一个每天能挣 10 个先令的人，玩了半天，或躺在沙发上消磨了半天，他以为他在娱乐上仅仅花了 6 个便士而已。不对！他还失掉了他本可以获得的 5 个先令。记住，金钱就其本性来说，绝不是不能升值的。钱能生钱，而且它的子孙还会有更多的子孙……谁杀死一头生仔的猪，那就是消灭了它的一切后裔，以及它的子孙后代。如果谁毁掉了 5 先令的钱，那就是毁掉了它所能产生的一切，也就是说，毁掉了一座英镑之山。"

富兰克林的这段话，通俗而又直接地阐释了这样一个道理：如果想成功，必须重视时间的价值。

浪费时间更大的损伤在于我们在这段时间中损耗的精力。努力工作的人，心思敏捷，精力充沛，但是一个无所事事者的神经将日胜一日地麻木，游手好闲者的肌肉将日胜一日地萎缩。沉迷于安逸和享受的人，其意志会越来越消沉，最终萎靡不振。简而言之，那些心甘情愿走在时间后面的人，那些不能与时俱进的人最终只能走在成功的后面。

没有人会担心工作时专心致志的年轻人的前途。同样没有人担忧他在哪里吃的午饭？晚饭后，他不在家里又是去了哪里？做了些什么？还有周末和节假日他在什么地方怎么度过的？也许你会发现，这些问题的答案——一个年轻人度过闲暇时光的方式，完全反映了他的品质。而那些失足铸错，自我放纵者的堕落都是在晚饭后的闲暇时光里酝酿而成的。

那些获得成功和具有很高声誉的人，他们大多焚膏继晷，在晚上依然孜孜以求，或学习，或工作，可以肯定的是，他们提高了自我。对于年轻人来说，每一个夜晚的闲暇时间都是一种严厉的考验。惠蒂埃有这样一句睿智的警言：

就是今天，命运的画卷不断展开，生命之网依旧编织；

就是今天，你的行为决定着日后是锦绣前程还是罪孽重重。

时间就是财富。谁能像种子一样铆足了劲，从土地中分秒不停地汲取丰富的营养，点滴积累，它就能有一番作为。就像没有理由随便丢弃 1 美元一样，你也不应该肆意践踏任何 1 个小时。浪费时间就是浪费精力，浪费财富，浪费生命，浪费了许多永不再来的机会。扪心自问，你是如何对待你的时间的，因为那里有你的未来。

网上曾流传过这样一个帖子，也许不十分恰当，却值得我们深思：

你想知道"一整年"的价值，就去问留级的学生。

你想知道"一个月"的价值，就去问曾经早产的母亲。

你想知道"一周"的价值，就去问周报的编辑。

你想知道"一天"的价值，就去问有 10 个孩子待哺的日薪工人。

你想知道"一小时"的价值，就去问等待见面的情侣。

你想知道"一分钟"的价值，就去问刚错过火车的人。

你想知道"一秒钟"的价值，就去问刚躲过一场车祸的人。

你想知道"百分之一秒"的价值，就去问奥运的银牌得主。

不要轻易放弃一分钟乃至一秒钟，稍纵即逝、看来颇不起眼的零星时间，但只要自觉地、及时地抓住不放，它就会乖乖地为你所支配。也许就是这至关重要的一分一秒，会给你带来不可估量的财富。

把握有效的时间，体现在你如何使用有限的时间。只肯花一点点钱以维持生命的守财奴其实等于是个穷光蛋，他的万贯家财也就形同乌有。同样，舍不得花费时间去获取更多的幸福、去追求更多的幸福的人，也是虚度年华。

既然时间是有限的，既不可抻长也不能缩短，那么我们就更应该珍惜它、很好地利用它。一个人没有奋斗目标就是在浪费时间。毫无目的、漫不经心地赋闲是多么浪费时间！毫无目的地在街头乱逛又是多么的徒劳无益！

有效地利用时间、珍惜时间只有一个方法，那就是在你的生活中确立你的目标，一个符合实际的目标，不要好高骛远，并且尽心尽力地去实现这一目标。有时你会发现，工作最多的人往往时间最富裕。这是因为他们有明确的目标，他们为了实现这个目标而正确地安排了他们的工作，而不是在犹豫不决中浪费他们的时间，他们更会合理地安排时间，避免不必要的时间浪费，自己挤出时间工作，自己创造条件，按照自己的生活目标而行事。

如果我们将种种虚度的时间、浪费的分分秒秒换成美金的话，或许你的财富会超过比尔·盖茨。

牵着时间的鼻子走，而不是让时间牵着你走

上帝给我们每一个人的时间都是每天 24 小时，人与人之间的差别不是他们拥有多少时间，而是如何利用时间。大多数人的成就就是在别人浪费掉的时间里取得的。

如果想成功，必须重视时间的价值。关于时间的事实的确让人吃惊，每天这里几分钟，那里几分钟，加起来便是很多时间！例如，你是否知道一个普通人在生命中用于就餐的时间平均是多少？1 年？2 年？答案是 6 年。吃惊吗？这里是一些琐事占用的时间统计：

就餐 6 年；

排队等候 5 年；

打扫卫生 4 年；

做饭 3 年；

打电话 2 年；

寻找放错地方的东西 1 年；

处理垃圾邮件 8 个月；

等待红灯变绿灯 6 个月；

零碎的时间合起来就是一笔巨大的数字。就这样，x 年从你生命中消失了！这证明了这里浪费 15 分钟，那里流失 30 分钟、2 小时，加起来是多么可观的数字。

有效地利用空余时间是富人有更多时间、做更多的事情、所得回报更多的关键之一。

成功者之所以成为成功者，在于他们能够管理时间，而大多数人都把时间大把大把扔在那些慢腾腾的动作中，扔在毫无意义的闲聊中，扔在发表那些众所周知的夸夸其谈中，扔在那些微不足道的动作和事件的小题大做中，扔在对琐碎小事无休止的忙碌中……

后者把时间用在并不重要也不紧急的地方，而把真正与实现重要目标有关的活动排到次要地位。所以即使辛辛苦苦制定了计划，结果也大多数以失败告终。

很多人知道自己的目标到底在哪里，他们的目标有事先设定优先顺序，也有详细的计划，但是他们一直问自己：为什么不能跟别人一样成功？有些人认为自己比别人聪明，可是却不如别人成功，这其中的关键就在于他们浪费了太多的时间。

没有目标的时间管理是无效率的，在一段时间里，当你做什么都可以时，你就什么也做不成。一天只有 24 小时，成功的人一天也是只有 24 小时，为什么他们会成功？因为他们浪费的时间比较少，因为他们都在做最有效率的事情。

失败的人一天到晚无所事事，本来只需要 30 分钟的工作，他却花了 3 个半小时。遇到挫折的时候往往郁郁不振，甚至一个星期都心情不好，更进一步地影响了工作。这些都是浪费时间的习惯，甚至有些人知道该做哪些事情，也知道现在应该行动起来，可还是在继续拖延。

你是否也有过这样的时候：本来预计在晚上 8 点前完成一项工作，但吃完饭后，出去散散步，遇到有趣的事，也许就忘了时间。回到家里刚打算做点什么，又因为电视节目比较精彩，所以决定看一会儿电视（这可是现场直播，明天看就没有这个效果了）。

总算坐下来要做自己的工作，你发现那支最喜欢用的笔找不到了，尽管桌上还有其他的笔，你还是要找到它，否则你就觉得工作不舒服（又是一个不错的借口）。

总算找到了笔，你忽然想起来要给朋友打一个电话，有件事要交代一下（这件事也不见得有多重要），聊起来又是二三十分钟。

当你觉得不得不做时，你可能又太累了，集中不了精神，于是去沏杯咖啡或浓茶，可是这东西的效果并不明显。于是你想一想，也许明天起个大早效果会更好。

就这样你决定去睡了……

许多人都是这样浑浑噩噩地过，等到时间过去之后，又开始追悔莫及。

当一个人达到必须负担个人责任的年龄，他应该把他的时间分成三段：睡眠的时间，工作的时间，休闲活动的时间。

而每天 24 小时的分配方式通常是：8 小时睡眠，8 小时工作，8 小时的休闲活动。有些人，或许大部分人，发现每天得工作 10 小时才能维持现在的生活水平，而只能拿出 6 小时从事休闲活动。一般人不能单凭少于 8 小时的睡眠时间硬撑下去。

只有规划好你的时间，牵着时间的鼻子走，你才能真正掌握好时间，走上成功之路。

让你的时间紧起来

利用好时间是非常重要的，一天的时间如果不好好规划一下，就会白白浪费掉，就会消失得无影无踪，我们会一无所成。经验表明，成功与失败的界线在于怎样分配时间，怎样安排时间。人们往往认为，这儿几分钟，那儿几小时没什么用，而实际上它们的作用很大。

美国钢铁大王卡内基曾说，谁能教他"节约时间"的方法，他将奖赏 25 万美元。消息一传出，出谋划策的人不少，然而得奖者教他采取的方法却十分简单：只要求该公司的主管在每天下班前，将第二天要做的六件最要紧的工作列在一份表上，同时还要按照重要性进行编号。第二天只要每完成一件工作就将它剔除，直到所有工作统统做完为止。如果仍有些工作没完成，就将它们列入次日的工作表之中，依次下去，效果非常显著。

美国一家汽车公司副总裁莫瑞，要求秘书在给他呈递文件时，必须有所区别地分放在五种不同颜色的公文夹中。红色的代表特急，必须立即批阅；橘色表示必须在当天批阅；黄色则表示必须在一周内批阅；白色的表示周末时必须批阅；黑色则表示必须由他签名的文件。如果自己发现还有未解决的那些不易解决或已偏离正规的事项时，可以趁着他人还无法干扰前，早点进办公室独自解决。

许多成功者在时间的运筹上都采取每天列出计划的办法。他们每天把要做的工作排列出来按其重要性编成号码，然后集中精力地完成他认为最为重要的事，直至完毕，再做第二项，如此下去。对于那些最重要的事，更是拼命去做，即使离吃午饭还有 10 分钟，也用来做这件事。

一个人假如能活到 80 岁，大约有 70 万个小时，其中有可能工作时间约为 40 年即 35 万个小时，再除去吃饭、睡眠的时间，最多只剩下 20 万个小时可供工作。一个人生命的价值就是这些时间的积累。因此，做那些无聊、无益的事，会消耗自己做有价值的事的时间；做不值得做的事，就是浪费自己的生命……

珍惜你的时间，并运用好你的时间，这是你致富的资本！

格林从少年时代就养成了一种习惯：从不注重时间，与别人约会也从不守时。他这种不守时的习惯，是乡土生活给他养成的。大多数在乡下过惯的人都养成了这种不守时的习惯，格林当然也不例外。但是，到了现代都市，这种不守时的作风就不行了，格林的失败就是从这里开始的：格林第一次来到芝加哥，经朋友介绍，要他去见一家银行的经理，因为银行要雇用一个年轻的助理员。格林第二天一早就给那位经理拨了一个电话，询问他该在什么时间去求见，银行经理考虑一下，说："请您在 9：30 来罢！"格林答应了，他看看表，距约会的时间还有整整 30 分钟。为了给经理一个好印象，他认认真真地整理了一下自己的仪表，然后去银行了。他到达银行的时间是 9：40。你猜他获得了什么样的结果呢？结果是——他失掉了那份工作。经理对他说："在 10 分钟前，我已将那份工作给了另一个求职者了。"

格林垂头丧气地离开了银行，踱到一家图书馆，无意中他翻阅到一段小故事，使他十分感动。那段故事是这样的：有一个像他一样求职的年轻人，幸运地获得了毕尔德的赏识，约他在翌日上午 10：30 到毕尔德的事务所，由毕尔德介绍他去一家大商行担任一份美差。那个青年也与格林一样有着不守时的习惯。第二天，他在 10：50 才到达毕尔德的事务所，此时毕尔德已出去了，年轻人扑了一空。第二天一早，他见到了毕尔德，毕尔德问他昨天为什么不按时赴约？他振振有词地说："亲爱的毕尔德先生，我是 10：50 分到达的，但那时，你已经出去了！"

毕尔德立即提醒说："我是约你在 10：30 来的！"那青年人支吾说："不过，我只是迟到 20 分钟！"毕尔德严厉地说："年轻人，你没有权利轻视这 20 分钟时间的价值。我告诉你，坐飞机，20 分钟可飞行 150 千米；纺织机，20 分钟可织出 100 多米布；我 20 分钟可处理两家公司的来往文件。现在你的那份工作因为你不守时失掉了，希望你以后珍惜这 20 分钟！"格林仔仔细细抄下这些话，并在本子上用红笔端端正正写上："谨守时间"。

相信经过这件事情，格林会吸取教训，变成一个谨守时间的人。如果不守时，你将会错过许多难以再现的机会。

想要创富的人都是大忙人，他们为生意操心，为发财奔波，除了忙于公司经营管理必不可少的计划、组织、指挥与控制外，还要应酬各式各样的人，还要处理没完没了的烦琐事务。每个想要创富的人都想把时间的弹簧拉长一些，在时间的海绵中多挤出一点来。

"拉"和"挤"就是要在有限的时间内提高工作效率，完成更多的事情。要赢得时间，应该把注意的重点放在以下几个方面：

（1）预先做好计划。从长远来看，计划附上时间，可以大大节省时间，更可做到运筹帷幄，是十分值得的。

（2）分清先后主次。分辨出处事的先后次序，按事情的轻重缓急操作，是一种科学运用时间的方法。

（3）减少电话骚扰。集中并有选择地处理来电，回复电话时尽可能针对要点简明扼要，切忌把时间花在不着边际的闲聊上。

（4）打发不速之客。非必要时不接见不速之客。尽可能在办公室外接见未经预约的访客，不妨先通知秘书故意做出自己不在的样子。

（5）避免会而不议。非必要时不开会。若要开会定要准时，并尽可能根据议程进行实质性讨论，并且控制开会与发言时间。

（6）改善阅读工作。有选择性地阅读文件，除练习速读与决策能力外，可考虑将一些例行性及次要文件交由下属处理。

（7）学会婉言谢绝。过分承诺的"好好先生"并不一定受人赞赏，凡事应以大局为重，讲求实效与成果，学会婉拒他人的技巧。

（8）适当下放权力。不必凡事躬亲，小事应当假手于人，多训练几个好帮手，自己从旁观察与控制。

（9）不要犹豫不决。优柔寡断最费时间，谨慎决定，敢于负责，远胜于犹豫不决，要训练和改善自己的决策能力和技巧。

（10）留有时间余地。在计划工作表上，预留少许时间作为休息或处理突发事件之用，以防万一。

只要能掌握以上各点，你就能从紧张的时间之海中挤出一些时间，让时间变得更紧凑，创富也会更高效。

亿万富翁都会设计适合自己的生活方式

幸福人生设计是一项艰苦而持久的工程，而第一步就是要创建自己的生活方式和改变旧日的自我，创立一种全新的工作和生活。

从前，有一个乞丐饥肠辘辘，乞讨了一天东西也没有什么收获。这时候，他看见前面有一个庭院，他习惯地推开门走了进去。

一位年轻的少妇出来了，她看着这个可怜的乞丐，他的左手连同整个手臂断掉了，空空的袖子晃荡着，让人看了很难过，碰上谁都会情不自禁地施舍一点东西的。可是少妇毫不客气地指着门前一堆砖对乞丐说："你帮我把这堆砖搬到屋后去吧。"

乞丐从未见过这种招待方式，本来他已经饿了，还要让他搬东西，于是生气地说："你没看见吗？我只剩下一只手了，你还忍心叫我搬砖。不给就不给，为什么还要和我开玩笑？"

少妇听了乞丐的话，并没有回敬，她俯下身，故意只用一只手搬了一趟说："你看，并不是非要两只手才能干活。这样的活我都能干，何况你还是一个男人！"

乞丐怔住了，他用异样的目光看着妇人。终于，他也俯下身子，用他那唯一的右手搬起砖来。一次只能搬两块，他整整搬了两个小时，累得满头大汗。他脸上本来就不干净，这一下变得更脏了，几绺乱发被汗水浸湿了，散乱地贴在额头上。

少妇转身进了屋子，拿来了一条雪白的毛巾。乞丐接过少妇的毛巾，很仔细地把脸和脖子擦了一遍，再一看，白毛巾变成了黑毛巾。

少妇又从钱夹里掏出20元钱递给乞丐。乞丐接过钱，很感激地说："谢谢你"。

"不用谢我，这是你自己凭力气挣的工钱。"

"无论如何还要谢谢你，因为是你让我做了一回有人格的自己。这条毛巾也留给我作纪念吧。"乞丐说完，向少妇深深地鞠了一躬，头也不回就走了。

多少年后，少妇家的门前开来了一辆小汽车，车上走下一个西装革履、气度不凡的男人。他一脸的自信，然而美中不足的是，这人只有一只右手，左臂的位置空空荡荡的，他走到出门迎接的少妇跟前，恭恭敬敬地说："我就是曾经为你搬过砖的乞丐。现在，我有了自己的公司，这其中很大一部分是你的功劳！我是专程来向你致谢的。正是由于你的启发，我才从颓废中走出来，我才明白人的命运是要由自己去掌控和设计的。不然，就只能任命运摆布！"

如果乞丐一直不想着改变，只想做一个乞丐，那他将会在乞讨中过一辈子。只有在心中想着要掌控自己的生活，并设计出自己的生活方式，才有可能改变自己的命运。

你生存在这个世界上，必须有一个属于自己的人生，这非常非常重要。

试想一下：若是一个 20 多岁的年轻人，表现得却像一个六七十岁的老头，别人一定会说："这个人年纪轻轻，怎么整天都垂头丧气，一点精神也没有，活着有什么劲!"反之，若是活到 40 多岁，有妻有子，却还喝酒胡闹，别人也许会说："这个人一点也不成熟，虽然已经是这么大的人，却还做这种无聊的事情。"

若你总是给别人以下印象，无论如何你的幸福人生设计也是不成功的：

没有深刻印象；

没有活力；

不知道在想些什么；

光说不练；

不积极；

没有教养；

言语粗俗；

衣冠不整；

整天愁眉不展。

而相反，若你给人以下印象，就说明你的幸福人生设计是非常成功和有效的：

开朗活泼；

有教养，有礼貌；

考虑问题周详；

积极向上；

处变不惊；

做事热心；

有人缘；

体贴别人；

有远大理想；

是人们心目中的中坚力量。

当然，若想让自己在别人心中有如此形象，并不是一件十分容易的事。

一个人若想成为亿万富翁，首先必须设计出一套适合自己的生活方式来掌控自己的生活，而不能随波逐流，得过且过，那样他最后只能成为被社会淘汰的对象。

第四章

聪明的人让金钱
为自己工作

第七课 巧用理财工具，
让钱生出更多的钱

拥有不动产：投资房地产

"房地产"顾名思义包括"房"和"地"两部分，"房"是指建筑物本身：既包括人们用来居住的房屋，又包括与之相配套的辅助面积、公共设施、商业用房、服务用房、文化事业用房。"地"则是指建筑物所占用的土地。因而房地产从广义上讲是指"土地及其附着在其上的建筑物"。通常人们所说的房地产则主要指大厦、商场、住宅等等。房地产投资就是通过购买房地产的方式使资产达到保值增值的目的。

房产与地产不可分割，其中地产是核心，因为房屋总是建在土地上面，与土地连在一起。但是，房产和地产并不等同，这是因为：土地可以单独买卖，而房产则不能脱离土地单独存在；土地是永存的，它不会损耗，所以没有折旧，而房产却恰恰相反，过一段时间就会磨损、破旧甚至废弃；地产的价格直接由地租规律支配，而房产价值则由商品价格规律所支配。这就是说虽然买的是房，但里面包含着地价，而且，地产在房产价格中占有相当大的比重。

与房地产紧密联系的是房地产市场的概念。一般而言，房地产市场就是指房地产买卖、租赁、抵押等交易的场所。随着科技的发展，"场所"的概念在逐渐淡化。房地产市场可划分为房产市场和地产市场，房产交易离不开地产交易，地产交易可以脱离房产交易而独立存在。

一、选择房产投资的最佳时机

一般人认为，目前房地产行业赚钱的空间较大，投资房地产的时机非常好，具体说来有以下几点：

第一，目前，我国经济景气，发展速度快。经济增长率高且持续发展，必然会刺激房地产业的快速发展，使房地产的建设和成交量十分活跃。特别是国家把房地产作为经济增长点和国民经济的支柱产业后，必然会在政策上予以支持。新楼盘不断涌现，有效供给不断增加，使商品房大量上市，给购房者及投资者以充分的选择余地，可以用相对较低的投入达到投资目的。

第二，从房地产上市公司提供的数据表明，房地产开发企业的平均利率由 1994 年的 32.4%，降低到 1997 年的 12.45%，即使平均利润为 10%，也是泡沫多多。随着房市愈加成熟和规范，未来房地产市场的投机机会越来越少，投资收益越来越接近国际平均的利润率（即 6%—8% 之间）。

第三，在购房时，大都离不开银行的支持，多利用银行贷款购房。从目前的情况看，银行几次降息，住房贷款无论是公积金还是按揭都是比较低的，主要的目的是刺激消费，现在投资者购房在利率上无疑是最合算的。

第四，一般来讲，不管是现房还是期房，如果销售量不到30%，那么开发商的成本还没有收回，在销售业绩不佳的时候，开发商还有可能降低房价。若销售量有 50%，表明供销平衡，房价在一定时间内不会变化；若销量有 70%，表明需求旺盛，有可能涨价；当销量达 90% 以后，由于开发商想尽快发展其他项目，房价可能会降低——看销售量也是把握购房时机的方法之一。

第五，当某一楼盘空置 90% 时，价格应是比较低的时候。但也要付出一定的代价，例如装修不隔音、服务不到位、环境杂乱无章、交通不便等；当空置率为 50% 时，此区域已经有了一定的发展，购房既能得到较好的价格，又能得到发展商、物业公司提供的服务，是最佳的购入时机。

二、判断房地产投资价值

普通居民在自主购房时，考虑最多的往往是价格合不合适，居住是否舒适等问题，而财商高的人在投资购房时，就会像投资股票一样，考虑最多的应该是房产的升值问题，其中包括房屋价格和租金的上升。随着房地产市场的不断健全，在楼海茫茫中怎样才能从众多的楼盘中找到精品呢？财商高的人认为可以通过以下要素判断房产的投资价值。

（一）选择住房的地点应考虑的方面

1. 自然条件。主要包括日照、温度、风向等气象状态，房屋景观、小区绿化、是否沿水、临街等人文和自然环境状态。

2. 社会条件。主要指小区或单体房屋所处区域的城市功能规划性质、小区周围建筑物景观、小区物业管理水平等方面。其次还包括交通条件，主要指城市及居住小区交通网络的建立，通路等级，道路通过能力，交通设施是否齐全等方面。

3. 配套条件。主要指小区内的水、电、气、热、电视、电话等管线网络，学校、派出所、邮局、银行、商店、餐饮娱乐休闲等设备及设施配套情况。

（二）选择房屋结构应考虑的因素

（1）建筑平面

建筑平面的范围包括平面面积、平面系数、间隔布局。确定购房面积时，要参考自己的工作特点、人口多少与年龄性别构成。房屋的使用面积与建筑面积之比为平面系数，平面系数越大越好。

（2）间隔布局应该合理方便

起居室、客厅等公共空间与卧室等私人空间的布局设计应该科学，以既能保持良好联系，又互不干扰为宜。

（3）建筑层高

除房屋的面积合理外，适当的层高也很重要。房间的层高过大，易给人以空荡的感觉，层高过小，则会让人感到压抑。另外，在考虑层高时，应把装修的因素预先考虑进去。

（4）建筑外观

选择外观时应遵循以下原则：1. 统一性原则。房屋的外观要有统一性，如色彩统一、造型统一、尺度统一、主从统一等。2. 对比性原则。任何美的事物，都是既统一，又变化的。虚实、明暗、高低、色彩等的对比，使整个建筑物给人以一种富于变化的感觉。

（5）房屋朝向

中国人一向以坐北朝南为贵，这里面既有社会因素，又有中国所处的地理位置因素。南北朝向采风、通光条件好，所以估价时，南北为贵，东西朝向较便宜。如果考虑到众多朝向组合，依贵贱论的顺序为：南北、东南、南、东北、西南、东、西、北、西北。

（6）建筑层数

房屋的层数不同，其售价也不同。不同用途的房屋楼层对价格、使用有很大的影响，如黄金口岸的商业楼其底层与四、五层的营业楼的售价差别很大。对于住宅，老百姓口中有"金三银四"的说法，但我们也不需非三、四层不买。购房者应根据自己的消费需求、支付能力、购房目的等具体情况综合考虑，选择最适于自己的楼层。

（7）建筑材料

从外墙到屋内建材价格差异极大，木质、铝质门窗的价格差了许多，花岗石地板也不是一般的瓷砖所能相比的。另外，外国进口的厨房设备、卫浴设备也比国内产品贵了好几倍。如果建筑材料品质低劣或耐用程度低，会使房屋的售价大打折扣。

（8）施工质量

施工质量是房屋质量一个非常重要的方面。购房者应注意地面是否平整、铺设的地板砖是否平整牢固、防漏性能如何、隔音效果怎样、门窗是否开启自如、关闭是否严实、锁是否灵活、玻璃是否牢固、设备是否完好等。

（三）售价及其付款的方式

一般来说，分期付款购房最适宜。在美国等发达国家，分期付款早已盛行，并不以为负债是一种包袱。在国内，分期付款的消费方式也已经被人们所广为接受。国内的银行也在逐步完善住房贷款操作方法。

分期付款的可贵之处在于，它通过延长付款时间，将大包袱化小，实现提前消费。这对于那些准备成家立业而又缺乏资金的青年来说不失为一种理想的选择。即便有钱，也可以通过分期付款的方式以腾出资金用做其他投资，争取更大回报。

（四）物业管理

物业管理是由专门机构及人员对物业的使用维护，并对其环境卫生、公共秩序等进行合法有效的管理，使之保持正常状态的监督与有偿服务的行为。它有两种类型：委托服务型和自主经营型。物业管理也可以说是，物业管理公司受物业产权人和使用人的委托，按照国家法律和合同契约的规定，对被委托的物业行使管理权，以经济手段管理物业，并运用现代化管理科学、先进的维修养护技术和先进的服务手段，为物业所有人或使用者提供综合的、优质的有偿服务，以满足使用者不同层次的需求，使物业管理发挥最大的使用效益。

我们应选择具有以下这些特点的物业管理：

1. 产权明晰，管理集中。实行公司的统一管理，变多个产权单位、多个管理部门的多家管理为物业公司一家管理。这种特点可以克服各自为政、扯皮推诿的弊端。

2. 服务多层次。不但负责房屋维修，而且对管理范围内建筑物、附属物、设备、场地、环卫绿化、道路、治安等专业化管理和养护及对使用人的全方位多层次的服务，发挥住宅小区和各类房屋的整体功能和综合治理效益，有利于开展好社区服务。

3. 公司化管理，企业化经营。这样既减轻了政府的压力和负担，又使管理费用有了稳定的来源。

4. 管理单位合同聘用制，建立物业管理的竞争机制。在这种机制下可以提高服务质量、提高服务水平。

5. 业主自制与专业管理相结合。按市场原则理顺产权人、承租人、物业公司间的法律关系和经济关系。在新的体制下，小区的居民，自己的事情由自己来办，大家的事情大家商量，从被动地遵守小区管理规则走向主动地共同地维护集体的利益。

经过以上五个方面的考虑，在进行房屋投资时就一定能取得丰厚的回报。

三、如何选择房贷成数

在按揭买房时，房贷的成数是投资房地产者必须考虑的问题，办理房屋贷款时，贷款成数高比较划算，还是成数低比较划算呢？以下是常用的几种选择房贷款的方法：

（一）分析贷款成数的影响

一般而言，贷款成数高的好处是所需自备款较少，但将来每个月的负担较重。相反的，成数低则自备款较高，但每个月的缴付额较低（假定年期、利率都一样）。所以衡量贷款成数的主要因素是购房时能拿得出多少自备款，将来能负担多少房贷支出。

如果都负担得起的话，那就要看当时的银行利率水准与把剩余的资金用来投资的获利水准何者较高。

杨某看中了一栋 80 万元的房子，若贷款七成，须自备款 24 万元，贷款六成则须准备 32 万元；假定贷款为 15 年期，利率为 10%，以"本息定额偿还法"的方式，前者每月负担约 5992 元，后者约为 5136 元，每月相差 856 元。

在这个例子里，贷款七成自备款节省 8 万元，如果用这笔钱来投资，以年平均获利率 10％ 来计算，15 年后（以每月复利的方式计算）会增为 356313 元；如果以贷款六成的方法，每月可省下 856 元，用这笔钱来投资，年平均获利率也是 10％，则 15 年后，可有 354786 元的储蓄。两者相差 1527 元，贷款成数多一成稍微划算。

如果投资获利率更高呢？以 15％ 来计算，则 8 万元 15 年后会变成 748506 元，每月投资 856 元，15 年后会变成 572241 元，相差 176265 元。如果获利率只有 8％ 呢？8 万元增值为 264553 元，每月投资 856 元，则可积存为 296208 元，比前者多出 31655 元。

归纳出来的原则是，当投资报酬率高于或等于贷款利率时，以贷款成数较高所省下的钱作为投资比较划算；反之，若投资报酬率低于贷款利率，则办理低成数贷款较划算。

（二）权衡贷款与投资的决策

有必要了解的是，将贷款成数较高所省下的钱进行投资时，获利率是以复利方式在利滚利，本金会越滚越多。贷款的利息则是以本利计算，每月摊还部分本金，所以贷款本金会越来越少，使利息负但也逐渐减少。了解这个概念就不难明白，即使投资获利率等于贷款利率时，还是以办理较高成数贷款划算。

判断投资获利率是不是高于贷款利率，则涉及投资工具和投资时机的选择。各种投资工具都有不同的获利率和风险性，在不同的时机介入，也会有不同的获利程度。

四、投资商铺和二手写字楼

普通投资者在投资商铺时，常常思考这样的问题：这个商铺值多少钱？其实这个问题在金融专家或发展商那里也很难得到明确的回答，投资者应当自己去作一些思考，答案就在自己的手中。

商铺属于生财工具，把自己的商铺出租，一定要保证承租人能够在这个地方赚钱，这样才能保证自己的回报长期稳定可靠，因为没有人愿意赔本租场地的，所以必须研究各种行业的成本模型。

假设，投资者在一个适于经营服装业的地段考察一个铺位，应当先去了解周边服装铺的经营状况，比如衣物的档次（平均单件价格）、每周的出货量、顾客的种类等。

一般而言，场地成本占其总成本的1/5至1/4。对于一个10平方米的服装铺而言，若平均单件价格为100元，每周出货约30件，那么每日的营业额为430元，考虑每年4个月的淡季营业额对折，所对应的单位营业额为每天36元/平方米。按照1/5的场地成本、8年的物业投资回报期计算，净售价应当为21024元/平方米，这里还没有考虑税收、空租、佣金等问题。所以，投资者只要知道该地区每平方米的平均营业额，就不难算出合理的商铺投资价格。

在评估商铺价格的同时，也要选择好的商业旺铺，那么该如何选择呢？通常人们认为选择优秀的商业旺铺应考虑以下几个特征：

首先，人流量大。一般意义上，一些甲级商厦的低层商铺是最佳的商铺。商业街带来天然的人流量，甲级商铺的大量人流代表巨大的消费力量。但是，一些含金量高的商铺物业往往被发展商所保留作为长期投资，能够进入市场流通的较少。

投资者应当认识到，能够在市场以出售形式换现的商铺，往往已经属于第二流的品种，投资的时候应当慎之又慎。

同时，要区分人流的种类，休闲人流的价值要远远高于交通人流，前者如商业中心、娱乐中心，后者如地铁通道等；另外，人气也是一个重要指标，要看看周边商业是否已经或者预期成势，周边是否有重要的商铺顾客来源等。值得提出的是，狭窄街道形成的双边型商铺结构比宽阔马路造成的双单边商铺结构有利得多；商铺平面结构也很重要，一方面要有较宽的门面，另一方面也希求方正的格局便于店堂布置。

其次，避免商厦内部分割铺位。目前，较多出售位于商厦内部的分割铺位，这是商铺投资中风险最大的一种。因为位于商厦内部，商铺经营者多半会受到商厦管理者经营思想和经营水平的制约，还会受到商厦内其他经营者的影响。

因此，无论怎样，投资者首先应该选择临街或者尽量靠近出入口的铺位，形成商厦内部和外部左右逢源之势。而一旦有空租，总是位置不佳的首当其冲。

学会了投资商业旺铺，接下来谈谈如何投资二手写字楼。要想投资二手写字楼，首先要学会计算投资回报，在确知回报率的基础上，做好二手写字楼的投资。

目前一般计算房产年回报率的公式是：年回报率＝月回报率×12。其中，月回报率＝每平方米的租金÷每平方米的售价。一般来说，如果某个二手写字楼单位年回报率达到8%—10%，则可投资购买。超过10%的年回报率，则属上乘产品，不要错过。

其次，物业地点要选好。投资二手写字楼，要会选地段。二手写字楼的租售与其所在位置有很大关系。那么哪些地段的二手写字楼投资升值空间最大呢？

通常每个城市的中心商务区及周边的写字楼较有潜力，其物业的地点比较好。

公共交通要便利。写字楼所处的交通位置非常重要。如某个二手写字楼地处偏远，交通不便，或交通拥挤，就不适合投资；如二手写字楼处于地铁旁，价格又合适，就可以投资。

写字楼所拥有的停车位的多少也很重要，必须列入考察范围。

硬件配置很重要。写字楼的硬件通常决定了写字楼的租金水平。比如地王大厦，高达69层，在里面办公感觉心情舒畅。而电梯数量的多少，决定了上下班的便利度，电梯容量则决定载运货物是否便利，以及载人的多少等。

至于周边配套设施，就更重要了。选择投资某个二手写字楼时，一定要周密考察周边配套设施，像银行、商店、餐饮、公寓等，功能是否齐全很重要。

如广州一些新建的写字楼，虽然整体面积、地理位置比不上一些老牌写字楼，但它的租金却是可以与之媲美的。原因就是其本身具备了老写字楼所没有的更现代化的硬件。

周边自然景观也是一个重要的参考因素。人工作到一定时候，势必疲惫。写字楼楼层里设置的公共小花园及小花园里的植被绿化，可以达到放松身心的目的。而写字楼外的自然景观，则可以让人凭栏远眺，使人心旷神怡，以利于休息养神。如果某个写字楼周边全是高层建筑物，其视线必然被挡，就谈不上什么自然景观了。

最后，带租约的写字楼马上有收益。一般来说，带租约的二手写字楼升值潜力大。据统计，租约长达 3—5 年的二手写字楼，哪怕售价与附近写字楼相比高出 2000—3000 元/平方米，也划算。

因为大城市高档写字楼普遍管理费高，管理费加中央空调费已高出租金的一半以上，如有几个月空置，管理费的损失对写字楼整体租金收入影响很大。

因此，投资者在投资二手写字楼时，对上述的几个影响因素必须综合衡量，才能选中理想的投资对象。

五、科图拉的房产投资

很多人或许从来都没有想过通过房地产来投资生财，然而科图拉投资房地产后，不仅改善了家庭的生活，而且还实现了财务自由，同时也给予了他巨大的信心，到现在，他也没有停止投资行动。

科图拉就在圣克劳德郊区买下了第一处供出租的房产。然而科图拉的姐姐有一个 3 岁的女儿，因此，她一直想要搬出那套拥挤不堪的房子。科图拉住的这个小城有 6 万人口，外加 1.4 万名圣克劳德大学的学生，所以，科图拉知道出租房子绝对利润丰厚。

科图拉和房地产代理人交涉了 3 个月，询问他们是否有合适的、供出租的房源。然后，科图拉找到了一个有三套公寓的地方，很适合科图拉的姐姐和科图拉住。对方开价 9.9 万美元，科图拉出的价钱是 9.4 万美元（成交的时候他们返还了 5000 美元）。因为科图拉的姐姐有资格获得房主一次购房贷款，而且她打算住其中的一套公寓，科图拉就获得了全额贷款，30 年期，利息是 7%，总额是 9.9 万美元。这一点对科图拉来说很重要，因为科图拉没有多余的钱来支付首付款。

科图拉负责收房租，即使姐姐付的房租打折，科图拉每个月还是能有 300 美元的收入，这笔钱科图拉和姐姐两个人平分了。

科图拉和姐姐是 2001 年 9 月买下那处房产的，那年 11 月的时候，科图拉已经开始琢磨获得房产的其他方式了。此外，还有一个因素，科图拉买的那三套公寓都需要花一大笔钱来维修。因为科图拉不喜欢做自己不了解的事情，科图拉只好雇人来修理。

不过，他们后来重新办理了贷款，期限还是 30 年，但是利率却变成了 4.5%，这样，科图拉每个月的收入就达到了 650 美元。不但如此，科图拉还从中获利 2.5 万美元，并再次平分了这笔钱。即使拿出 6000 美元用于房屋的修缮维护，科图拉和姐姐每个人还是赚到了大约 1 万美元。科图拉打算用这笔钱继续投资。现在，科图拉还继续拥有那处房产，每个月的收入是 250 美元。

对科图拉来说，这是一个可喜的开端。但是，科图拉也意识到，要想实现自己的目标，也就是永远摆脱邮局的工作，实现永久的财务自由，还有很多事情要做。于是，他开始四处寻找土地，以便在上面盖房子、赚钱。一天之内，科图拉就在一个小城里找到了一块 3 英亩的土地，这块地被指定用来盖多户家庭居住的房子。科图拉决定在那里盖 5 套联式房屋，每套可供两户居住。

他做了很多的调查，同时也列出了许多的问题。在这些问题中，他发现，绝大多数银行都是严格按照传统方式来办理贷款的。于是，他先后找了十多家银行，终于有一家同意贷款了，这样，他轻松地获得了 84 万美元的贷款，在 2002 年 5 月开始了这项工程。同年，他辞掉了邮局的工作，不久之后，科图拉的工程宣告竣工，房子也全部租出去了。尽管科图拉不需要支付各种设施的使用费，但是，垃圾处理费还是由科图拉来承担。不过，科图拉提高了房子的租金来支付这笔费用。此外，已经有两三位房客向科图拉表示，他们愿意把他们租住的房子买下来。如果科图拉打算把房子卖掉，科图拉要为他们承担 25% 的贷款，但是，尽管这样，科图拉还是可以从中获利。

在从事这个项目的同时，科图拉开始在圣克劳德的另外一个郊区为自己盖房子。新房子的面积很大（有 4800 平方英尺，比科图拉现在住的这套大两倍还多），总成本是 36 万美元。科图拉去申请了 42 万美元的贷款，利息是 2.9%，非常优惠。

办理完贷款之后，科图拉申请贷款的最高额度是 14 万美元。科图拉可以用这笔钱继续盖房子，也可以继续购买房子来出租。

科图拉打算再盖 5 套供单户家庭居住的房子。现在，科图拉每个月从房产中能获得 600 美元的收入。3 年以后，加上新盖的房子，他每个月的收入会达到 2000 美元。他的目标是：7 年以后，他的月收入达到 4500 美元。到那个时候，他的被动收入将达到 6 万美元，科拉图会考虑退休。

现在，他在房地产投资方面收益不少，每个月的收入是以前的两部还多，改变了他以前天天过拮据日子的状况。

赚取钱的差价：买卖外汇

外汇最基本的功能是，作为国家间交易的媒介，它代表着一国货币的购买力，它可以是现钞，可以是汇票，也可以是存款。对于目前国内绝大多数外汇投资者来说，外汇投资就等于购买一些货币，用于防范本币贬值。外汇市场投资在国外是许多投资者所喜爱的投资工具之一，随着我国加入 WTO 步伐的加快，外汇市场必将会开放，我们也可以从外汇中投资理财，以获取更多的收益。

外汇主要包括：外国货币，如钞票、铸币等；外币有价证券，如政府公债、国库券、公司债券、股票、息票等；外币支付凭证，如票据、银行存款凭证、邮政储蓄凭证等；其他外汇资金。

外汇必须是以外币计值，能够得到偿付，可以自由交换的外币资产。因此，并不是所有外国钞票都是外汇。

外汇作为国际间商品、劳务交换的中间媒介，同时也为开展国际信贷、国际资金转移和国际投入等一些与国际贸易相关的活动提供了便利条件，它是连接各国经济的纽带。

就一个国家的经济发展而言，该国的经济越是开放，外汇对于经济生活的影响就越是举足轻重，因为外汇汇价的波动，往往会改变一国货币的价值，对其物价、生产、就业、投资、贸易、财政等方面产生影响。现在各国政府都将外汇作为重要的政策工具之一，对国民经济实行宏观调控。

一、如何做好外汇投资的准备

要进入外汇市场参与外汇投资活动，都要对参与外汇市场活动的程序有所了解，以做到心中有数。

个人外汇投资不同于办实业、经营公司，虽然没有那样复杂和劳神，但也并不是轻而易举的事。个人进入外汇市场投资之前，必须按有关规则做好投资前的准备。

首先要做好本金的准备，个人进行外汇投资，筹足本金是很重要的条件。一般情况下，外汇投资本金以保证金形式投放，然后由金融公司以融资方式向银行买卖各种外汇。

一般而言，除交足你的基本保证金外，还要凑上一些投资用的外汇本金，便于运作。

由于外汇买卖活动带有一定的投机性，赚钱多少，几乎不直接或不完全取决于个人的辛勤程度。因此，本金准备的背景，对你的心理影响和压力是不一样的。如果本金属于你个人自由支配的生活结余款，就不会有较重的思想负担，比较容易轻装上阵，赚了可以自喜，赔了也无关大局。这种本金的准备，是个人外汇投资的最佳本金准备，没有具备这种条件时，可暂时做些别的生意，待赚取足够的资金，再搞这项活动。

其次要做好资格准备，要在外汇市场上进行投资交易，唯一的途径是委托经纪人及办理个人外汇投资服务业务的金融公司，由他们代理自己交易，使自己成为间接进入外汇市场的投资者。所以，你在入市前，必须进行与有关方面的联络和办理可以入市交易的有关手续，取得真正的投资资格。

按一般融资公司的受理业务规定，这方面的准备主要有三点。

1. 选择外汇买卖经纪人作为自己的外汇投资顾问

经纪人是代投资者进行外汇买卖而取得佣金的人。经纪人的服务态度和业务水平的高低，对投资者的获利影响较大。因此，必须选择一位称心如意的经纪人。

经纪人的选择，可以通过熟人介绍，也可以请求办理个人外汇投资业务的金融公司为自己物色。无论走什么渠道，你必须知道经纪人的履历和业绩。

2. 签订委托投资合约，明确投资者与经纪人、金融公司之

间的法律关系

当看准经纪人，并对外汇市场的获利潜力已有意识、有兴趣参与投资时，就可以与经纪人协商签订投资合约了。

一般规定，经纪人不得以任何方式损害委托人的利益。因经纪人的过失造成投资者损失的，经纪人要负责赔偿，否则，你有权向有关方面投诉。

3. 交付基本投资保证金，开立专用账户

个人外汇投资的本金，不是以合约金额形式出现的，而是以投资保证金形式出现的。进行交易的金额要比实际投入的保证金额大得多。比如，你要做 10 万美元的即市交易，只需提交投资保证金 2000—4000 美元。这是个人外汇投资的一个特点，也是这种投资的一个优点。凡参与外汇市场投资交易的人，都必须在金融公司开立专用账户，以备做交易时交付保证金。

在进行外汇交易时还要加强计算，做到笔笔有终，心中有数，你可以自己建立核算账本用来记载，反映和核算自己外汇投资业务活动情况。

当外汇投资准备工作结束后，怎样交易和交易结果就成了下一个环节。

二、如何下达交易指令

1. 获取最新市场信息

这是外汇投资者作出投资决策的重要依据，它必须是最真实、最具体、最能表现外汇汇率现状及其走势的资料。在此基础上，确定做哪种货币的交易，然后进行细心思考和酝酿，拿出最初的方案。

2. 向经纪人进行咨询

投资者在综合分析最新外汇市场资料及信息的基础上，开始筹划自己的投资方案。最初的方案应有几种，在进行认真比较分析后，拿出自己认为最为可行的一种或几种，形成框架方案。再去找经纪人进行咨询，请经纪人根据自己掌握的信息和经验，对你提出的疑问——解答。并且，最好让经纪人帮助自己在框架方案中，选择出他认为的最佳可行方案，并请他帮助修改后再拟出最终选择的投资方案。

3. 向经纪人或金融公司下达交易指令

向经纪人或金融公司下达交易指令，实质上是一种有具体条件的外汇交易授权单。授权单一式几份，供有关各方保存或作登记处理。上面印有固定内容，要按其项目填写齐全，充分表明自己投资方案的核心内容。

授权单的内容可由你亲自填写，也可以委托别人填写。填写完毕后呈交经纪人或金融公司，同时交付保证金和佣金。保证金、佣金交付后，下达指令就告一段落。

三、交易结果的反馈

每笔交易完成后，金融公司就能提供完整的交易记录及其结果，以结算表和交易单据等形式提供给你或你的经纪人。

因此，每一次交易后，你便可以立即得到经纪人或金融公司提供的有关交易情况及其结果的报告，并且还将会从中得到有详细交易记录的结算表及其交易单据，用来核对、保存或核算。

四、安妮的外汇投资

安妮研究生毕业以后，开始考虑自己的财务问题，她省吃俭用攒了一些钱，先是投资定期储蓄，后是外汇，不幸的是汇率一降再降，收益微乎其微。失望之余，深感成为一个富裕的人比登天还难。

2002 年底，单位发放年终奖，且数目不少，当下安妮把年终奖金全都买了外汇，买定之后，心里一直忐忑不安，每天担心自己买的外汇汇率降下去了该怎么办。后来，安妮耐不住了，在汇率没跌也没升的时候，原本收回了。那段时间赵小姐的心情一直很不平静，于是，她又作决定全部投入外汇，恰巧那时的汇率往上升了一点，她赚了几千元，心中一阵窃喜。然而，好事不久，汇率往下跌了一点，安妮就像失恋了一样。

可世上并没有卖后悔药的，痛定思痛，经过反思，安妮决定再买，长期持有不动摇。经过谨慎的选择，安妮认购了外汇。可是不幸的是，股市动荡，整个经济都受到影响，汇率也受到影响，跌下了不少。

但这次安妮咬着牙没有赎回。苍天不负有心人，安妮终于等到了赢利的时候。年底，股市转牛，整个经济都在复苏，汇率也一样，同时也上涨了几个点，安妮尝到了甜头，获利颇丰。

理想的投资：金边债券

对于普通家庭来说，债券是一种很好的投资工具。债券投资期限可长可短，通过不同类别、不同期限的债券组合投资，可以获得较为理想的投资收益。由于债券安全性高、固定收益明确，适用于一般家庭用于养老基金、子女教育基金的项目的投资。但债券较高的安全性是相对而言的，并不等于万无一失，所以必须了解债券、懂得如何分析债券投资。

随着大众金融投资意识逐渐趋向成熟，对于投资的收益率变化分析及其影响因素的分析越来越仔细，对较小的利益也开始追逐。特别是在我国，股票市场在经历了几年的大起大落后，正在走向健康、规范的发展之路，市场收益率逐渐趋小，而债券投资则以其安全性高、收益适度、流动性也较强等几方面优势，正在吸引越来越多的投资者参与。

进入债券市场的投资者怎样才能投资获利呢？"实践出真知"是放之四海而皆准的真理。但是，在盲目摸索中前进，从失败中吸取教训，一来浪费太多的时间，二来浪费太多的金钱，稍不留神，还可能赔进老本，代价太大，实在不值得提倡。

债券是政府、企业（公司）、金融机构为筹集资金而发行的到期还本付息的有价证券，是表明债权债务关系的凭证。债券的发行者是债务人，债券的持有者是债权人，当债券到期时，持券人有权按约定的条件向发行者取得利息和收回本金。由以上概念可以看出，债券本身并没有价值，它只是代表投资者将资金借给发行人使用的债权，能够在市场上按一定的价格进行买卖。

债券投资也像其他的投资一样，它也有自己的投资技巧，使我们可以从中获得更多的收益。

债券的选择

人们进行债券投资，看中的就是债券的安全性、流动性和收益性。然而，由于债券发行的单位不同，债券期限不同等原因，各种债券安全性、收益性和流动性的程度也不同。因此，具有投资经验的人认为进行债券投资前，需要对债券进行分析比较，然后再根据自己的偏好和实际条件作出选择。

首先，安全性的比较分析，国库券以国家财政和政府信用作为担保，享有"金边债券"的美称，非常安全。金融债券的安全程度比国库券要低一些，但金融机构财力雄厚，信誉好，投资者仍然有保障。企业债券以企业的财产和信誉作担保，与国家和银行相比，其风险显然要大得多。一旦企业经营管理不善而破产，投资者就有可能收不回本金。

因此，投资于国库券和金融债券是比较安全的选择，对于企业债券则要把握其安全性。目前，对债券质量的考察，国际上通行的做法是评定债券的资信等级。我国主要参考美国资信评级机构的等级划分方式，根据发行人的历史、业务范围、财务状况、经营管理水平等，采用定量指标评分制结合专家评判得出结论。

一般来说，债券的资信等级越高，表明其安全性越高。从安全性角度考虑，家庭投资型债券，选择上市公司债券较好，因为我国公司债券上市必须达到 A 级。但资信等级高安全性就高，也不是绝对的，而且有很多债券并没有评定等级。因此，购买企业债券最好还要对企业本身的情况比较了解。

其次，是流动性的对比分析，流动性首先表现在债券的期限上，期限越短，流动性越强。其次，债券"质量"好，等级高，其交易量大，交易活跃，流动性较强。另外，以公募方式发行的、无记名的债券容易流通。在很多情况下，某种债券长期不流动很可能是发行人不能按期支付利息，财务状况恶化，出现资信等级下降的信号。因此，进行债券投资，一定要注重流动性，尤其是以赚取买卖差价为目的的短线投资者。

再次，是收益性的比较分析，就不同种类的债券来说，其风险与收益是成正比的，收益高，人们才愿意将钱投在风险高的债券上。因此，企业债券的利率最高，金融债券次之，国债利率再次之。但是，它们一般都高于银行储蓄利率。

同一种类的债券，由于债券利率、市场价格、持有期限等的不同，其收益水平也不同。

债券利率越高，债券收益率也越高。同样是面值 100 元的债券，一个票面利率为 8%，一个票面利率为 7%，买价均为 100 元，则前者的即期收益率为 8%，后者为 7%。显然前者更优。

债券市场价格高于其面值时，债券收益率低于其债券利率；反之，债券的市场价格低于其面值时，债券收益率高于债券利率。

当债券的市场价格与面值不一致时，还本期越长，二者的差额对债券收益率的影响越小。债券期限越长，利率越高。

因此，从收益性角度出发，投资者进行债券投资，应当计算多种债券在一定利率水平、市场价格、期限等条件下的收益率，进行比较，选择自己满意的收益率。

最后，综合考虑，债券投资者都希望选择期限短、安全性高、流动性强、收益好的债券，但同时具备这些条件的债券几乎是不存在的。投资者只能根据自己的资金实力、偏好，侧重于某一方面，作出切合实际、比较满意的投资选择。

第一，考虑家庭经济状况。在合理安排家庭消费，并具有一定经济保障的前提下，有较大的风险承受力，可以投资高风险、高收益的企业债券。当然，如果你的思想趋于保守，以安全为重，可以将资金大量投资于中长期国债。如果你的资金实力弱，则应购买短期债券。

第二，要分析影响债券市场行情变化的因素，作出合理预测，以确定是否买入，买入何种债券。如果预期未来市场利率水平会下降，说明今后债券的行市要上升，这时投资短期债券将会错过取得更多收益的机会。因此，就应进行长期投资。如果预计发生通货膨胀，债券行市要下跌，可投资于短期债券，或者进行实物投资。

第三，要对债券本身进行分析。初次投资最好不要涉足记名债券、私募债券等流动性差的债券，对有偿还条件的债券应给予足够的重视，比如有的债券可以中途偿还一部分本金，投资者提前收回这部分本金又可再进行投资，从而获取更多的收益。有的债券附在购股权证后，其票面利率可能比其他债券低，投资者就要在利息损失和其他实际优惠收益之间进行权衡。

债券投资的巧招

首先，采用固定金额投资法是进行债券、股票投资搭配时的一种"定式投资法"，其具体实施方法是：

将投资资金分为两部分，分别购买股票和债券，并将投资于股票的金额确定在一个固定的金额上。然后，在固定金额的基础上确定一个百分比，当股价上升使所购买的股票价格总额超过百分比时，就卖出超额部分股票，用来购买债券；同时，确定另一个百分比，当股价下降使所购股票价格总额低于这个百分比时，就出售债券来购买股票。

利用固定金额投资法，投资者只根据股票价格总额变化是否达到一定比率进行操作，不必考虑投资时间，简单易行。由于此方法以股票价格作为操作对象，遵循"逢低买进，逢高卖出"的原则，而在正常情况下的股价波动比债券波动大，因此能够获得较高收益。

其次，采用固定比率投资法。固定比率投资法是由固定金额投资法演变而来的，两者的区别仅在于一个是固定比率，一个是固定金额。也就是说，固定比率投资法下股票与债券市值总额须维持一个固定比率，只要股价变动使固定比率发生变动，就应买进、卖出股票或债券，使二者总市值之比还原至固定比率。

固定比率投资法与固定金额投资法具有相似的优点，同样，它也不适用于股价持续上涨或持续下跌的股票。

在固定比率投资法下，制定一个适当的比率是很关键的。具体为多少，则依据投资者对风险和收益的倾向来确定：如果投资者倾向于较高的收益和风险，可将债券和股票之比定为20：80；若倾向于较低的风险与收益，则可将债券与股票之比定为80：20。

最后，可采用可变比率投资法。可变比率投资法的基本思路是：随着市场股价的变动随时调整股票在投资金额中所占的比重。这是一种比较复杂的投资计划方法。只有在积累了一定股票操作经验之后，才可采用。采用可变比率投资法，应确定以下事项：

（1）持有股票的最大与最小比率；

（2）每次买卖股票的点数；

（3）调整股票与债券比率时的股价或股价指数水平；

（4）在股票超大买卖的行动点上的股票与债券的比率。

以小搏大：买卖期货

与房地产和债券相比，人们普遍对期货的认识程度还显得比较浅显，认为这是大的经纪机构、企业及少数富裕阶层特享的投资方式。在大众投资者眼中，这里仍是一片陌生的土地。正是基于这种认识，目前，公众参与期货交易的还只是凤毛麟角。而一些具有战略眼光和洞察力的高财商的人，已经大胆地瞄准和涉足这块新领域了，甚至有些人已经"盆满钵溢"。随着人们投资理念的日趋成熟，期货投资也会受到大众投资者的青睐。

一、期货合约

期货合约是由期货交易所统一制定的，规定在将来某一特定的时间和地点交割一定数量和质量商品的标准化合约。它是期货交易的对象，期货交易参与者正是通过在期货交易所买卖期货合约转移价格风险，获取风险收益。期货合约是在现货合同和现货远期合约的基础上发展起来的，但它们最本质的区别在于期货合约条款的标准化。

在期货市场交易的期货合约，其标的物的数量、质量等级和交割等级及替代品升贴水标准、交割地点、交割月份等条款都是标准化的，使期货合约具有普遍性特征。期货合约中，只有期货价格是唯一变量，在交易所以公开竞价方式产生。

目前，上市的期货合约具有以下标准化条款：合约名称、交易单位、报价单位、最小变动价位、每日价格最大波动限制、合约交割月份、交易时间、最后交易日、交割日期、交割等级、交割地点、交易保证金比例、交易手续费、交割方式、交易代码。

期货合约的标准化，加之其转让无需背书，便利了期货合约的连续买卖，具有很强的市场流动性，极大地简化了交易过程，降低了交易成本，提高了交易效率。

二、期货交易的优势

现代期货交易之所以能够在短短的 100 多年时间里迅猛发展，是因其具有特别的优越性，吸引交易者前赴后继，在充满艰险的市场中，认定发财或避险的目标，不停地参与交易。具体说来期货交易与也很刺激的债券和房地产相比有下述的魅力：

债券或房地产	商品期货
投资机会只有多头一种，即先买后卖	多头空头皆可，投资机会加一倍
交易规则复杂，增加投资成本	方便，简单
资本需要量大，影响资金周转	杠杆原理，以小搏大
专业服务少甚至无	专业经纪提供优质服务
投资回报较慢	较快
资讯速度慢	与市场同步，速度快
战争动乱时大部分贬值	战略商品期货反而升值

三、如何进行期货交易

首先是交易过程。期货交易的全过程可概括为开仓、持仓、平仓或实物交割。

开仓，是指交易者新买入或新卖出一定数量的期货合约。例如，投资者可卖出 10 手大豆期货合约，当这一笔交易是投资者的第一次买卖时，就被称为开仓交易。

在期货市场上，买入或卖出一份期货合约相当于签署了一份远期交割合同。开仓之后尚没有平仓的合约，叫未平仓合约或者平仓头寸，也叫持仓。

开仓时，买入期货合约后所持有的头寸叫多头头寸，简称多头。

卖出期货合约后所持有的头寸叫空头头寸，简称空头。

其次是期货的对冲。如果交易者将这份期货合约保留到最后交易日结束，他就必须通过实物交割来了结这笔期货交易，然而，进行实物交割的是少数。大约99%的市场参与者都在最后交易日结束之前择机将买入的期货合约卖出，或将卖出的期货合约买回，即通过笔数相等、方向相反的期货交易来对冲原有的期货合约，以此了结期货交易，解除到期进行实物交割的义务。

例如，如果你2000年5月卖出大豆期货合约10手，那么，你就应在2000年5月到期前买进10手同一个合约来对冲平仓。这样，一开一平，一个交易过程就结束了。这就像财务做账一样，同一笔资金进出一次，账就做平了。这种买回已卖出合约，或卖出已买入合约的行为就叫平仓。交易者开仓之后可以选择两种方式了结期货合约：要么择机平仓，要么保留至最后交易日并进行实物交割。

期货交易者在买卖期货合约时，可能赢利，也可能发生亏损。那么，从交易者自己的角度看，什么样交易是盈利的？什么样的交易是亏损的？请看一个例子：你选择了一手大豆合约的买卖，以2188元/吨的价格卖出明年5月份交割的一手大豆合约，这时，你所处的交易部位就被称为"空头"部位，现在可以说你是一位"卖空者"或者说你卖空大豆合约。

当你持有的头寸成为空头时，你有两种选择，一种是一直到合约的期满都持空头部位，交割时，你在现货市场买入10吨大豆并提交给合约的买方。如果你能以低于2188元/吨的价格买入大豆，那么交割后你就能赢利；反之，你以高于2188元/吨的价格买入，你就会亏本。比如你付出2238元/吨购买用于交割的大豆，那么，你将损失500元（不计交易、交割手续费）。

你作为空头的另一种选择是，当大豆期货的价格对你有利时，进行对冲平仓。也就是说，如果你是卖方（空头），你就能买入同样一种合约成为买方而平仓。如果这让你迷惑不解，你可想想上面合约期满时你是怎么做的：你从现货市场买入大豆抵补空头地位并将它提交给合约的买方，其实质是一样的。如果你的头寸既是空头又是多头，两者相互抵消，你便可撤离期货市场了。如果你以 2188 元/吨做空头，然后，又以 2058 元/吨做多头，把原来持有的卖出合约买回来，那么你可赚 1300 元（不计交易手续费）。

四、李先生的期货交易

在完成期货交易后，个人要对期货交易中经营风险有较强的心理准备。因为进行期货交易投资与从事其他投资一样，总有一定的风险，任何经纪公司与经纪人都不可能保证只赢利不亏损。

李先生决定把自己多余的资金拿出来投资。他是一位冒险者，第一眼就相中了期货市场，在期货市场中研究了一番，认为风险很大，但收益也很大。他第一次就投入了 5 万元，结果到第二年就获利 1 万多，尝到了甜头的他，又再一次投身于期货市场。认清形势，把握规律，让他在这里收益不少。但他仍旧说出这样一句话："市场风险莫测，入市请谨慎。"

分享公司的成长：投资股票

股票，可以说是近几年国内最热门的投资工具，在股市走牛时期，投资股票更成为全民运动，如 1999 年股市的"5·19"井喷式行情，许多投资者已把股票的真正价值抛在脑后，而陷入投机狂潮，结果大多数都损失严重，甚至降低了家庭生活品质。

"知己知彼，百战不殆"，投资者应先了解自己的风险承受能力和股市发展规律，才能占尽先机。

一、股市大透视

一般说来，一个国家的经济总会存在一种高低速交替发展的循环周期。当一国经济由发展的高峰转向低谷时，由于投资者对未来经济形势可能恶化的预期，导致纷纷看空后市，股市将先于整个经济趋势而率先作出向下调整的反应。此时，投资者一方面出于回避风险的需要，另一方面出于满足未来需要的考虑，将手中股票变成资金转向存入银行或购买债券，股价向下乃是大势所趋，投资者人心所向。此时债券的价格因购买者增多，反而有所上升。反之，当一国经济发展由低谷向高峰迈进时，投资者对于未来经济高速发展导致企业经营环境的改善和企业经济效益大幅提高的预期，为寻求更高的资金收益回报，又纷纷抛售债券或提取存款去购买股票。此时，股价将先于经济趋势作出向上的反应，债券价格因此可能有所下调。

同时，当利率下降时，一方面，投资者出于对相对下降的储蓄收益和投资新债券收益不满足，想谋求新的投资渠道；另一方面，利率下降，降低了企业的经营成本和改善了企业的经营环境，使企业盈利预期增加，从而将资金转向购买股票，促使股价上扬。与此同时，现有债券因收益率的相对提高也吸引了投资者的购买，价格上涨。相反，当利率升高时，投资者的融资成本就会提高，在对收益与风险进行均衡考虑之后，投资者将更多地选择进行储蓄或者购买新债券，从而促使股价以及债券市场现有债券价格下调。

其实通货膨胀对股票市场价格的影响较为复杂。通货膨胀的结果一方面使股份公司的资产因货币贬值而增加，促使股价上涨；另一方面，通货膨胀又使得股份公司生产成本提高，而导致利润下降，促使股价下调。这两方面因素共同对股价作用的结果，将有可能使股价上涨或下跌。此外，通货膨胀对不同性质的企业影响不同，也会促使股价结构的调整与股票价格的波动。

当一国中央银行采取紧缩性货币政策时，证券市场上的资金会相对紧张，企业的信贷规模乃至投资规模都会相对减小，导致投资者对企业盈利的预期减少，促使股价下跌。反之，当一国中央银行采取宽松性的货币政策时，则会促使股价上升。

企业税收的增加（或减少），会使其税后利润减少（或增加），从而影响投资者收益，也会促使股价下降（或上升）。

最后，在汇率方面，当一国外汇汇率下降，本国货币升值时，则有利于进口而不利于出口。一些以出口为主导型的企业股票因其业绩可能受影响而价格下跌；而对以进口为主导型的企业股票而言，因其进口成本（用本币计）下降，可能使利润上升，致使股价随之上涨。

二、如何进入股市

个人理财的投资选择项目有很多，进行股票投资就是其中一项收益丰厚的理财项目。投资者只要持有自己的身份证以及买卖股票的保证金，想买卖股票是很容易的。

第一，办理证券账户卡。投资者持身份证，到所在地的证券登记机构办理证券账户卡。法人持营业执照、法人委托书和经办人身份证办理。入市前，投资者在选定的证券商处存入个人资金，证券商将为其设立资金账户。同时，建议投资者订阅一份《中国证券报》或《证券时报》或《上海证券报》，知己知彼，然后"上阵搏杀"。

第二，股票的买卖。股票的买卖与去商场买东西所不同的是，买卖股票不能直接进场讨价还价，而需要委托别人——证券商代理买卖。

找一家离自己住所最近和最信得过的证券商，按要求填写一两张简单的表格，可以使用小键盘、触摸屏等；也可以安坐家中或办公室，使用电话或远程可视电话委托。

第三，转托管。目前，投资者持身份证、证券账户卡到转出证券商处就可直接转出股票，然后凭打印的转托管单据，再到转入证券商处办理转入登记手续；上海交易所股票只要办理撤销指定交易和指定交易手续即可。

第四，分红派息和配股认购。红股、配股权证自动到账。股息由证券商负责自动划入投资者的资金账户。股息到账日为股权登记日后的第三个工作日。投资者在证券商处缴款认购配股。缴款期限、配股交易起始日等以上市公司所刊《配股说明书》为准。

最后，资金股份查询。投资者持本人身份证、证券账户卡，到证券商或证券登记机构处，可查询自己的资金、股份及其变动情况。和买卖股票一样，想更省事的话，还可以使用小键盘、触摸屏和电话查询。

三、投资应买哪种股票

首先，成长性好、业绩递增或从谷底中回升的股票。具体可以考虑那些主营业务突出、业绩增长率在30%以上或有望超过30%的股票，对于明显的高速成长股，其市盈率可以适当放宽。

其次，行业独特或国家重点扶持的股票。行业独特或国家重点扶持的股票往往市场占有率较高，在国民经济中起到举足轻重的地位，其市场表现也往往与众不同。因此，投资者应适当考虑进行这些股票的投资。

再次，公司规模小，每股公积金较高，具有扩盘能力的股票。在一个行业中，当规模扩大到一定的程度时，成长速度便会放慢，成为蓝筹股，保持相对稳定的业绩。而规模较小的公司，为了达到规模效益，就有股本大幅扩张的可能性。

因此，那些股本较小，业绩较好，发行溢价较高，从而每股公积金较高的股票（尤其是新股）应是投资者首选的股票。

然后，价位与其内在价值相比或通过横向比较，有潜在升值空间的股票。在实际交易中，投资者应当尽量选择那些超跌的股票，因为许多绩优成长股往往也是从超跌后大幅度上扬的。

最后，适当考虑股票的技术走势。投资者应选择那些接近底部（包括阶段性底部）或刚启动的股票，尽量避免那些超涨的正在构筑头部（包括阶段性头部）的股票。

第八课　让金钱流动起来

财商低的人选"存钱罐"，财商高的人进"活银行"

储蓄是大多数人最为熟悉的一种理财方式，但在实际储蓄中，绝大多数储户不能正确地选择储蓄的种类。一般人认为储蓄是风险最小的投资方式，财商高的人则认为储蓄也并非没有风险，如存在着通货膨胀和货币贬值的威胁。财商低的人把储蓄当成"存钱罐"，而财商高的人则将钱放在"活银行"里。

一、了解储蓄

"储蓄"一词最早见于战国时期的《尉缭子治本篇》一书。书中有"民无二事，则有储蓄"的话，意思是老百姓除了满足吃穿需要以外，节余下来的东西则贮藏起来，以备急需时享用。我国古代储蓄行为既包括劳动人民贮粮备荒、积钱备用，也包括国家为预防灾害积蓄财物。

实物储蓄是人类社会最早的储蓄形式。在人类社会生产发展到一定程度，出现了剩余劳动产品后，就产生了储蓄的愿望和要求。在自然经济条件下，劳动成果主要表现为实物产品。在原始社会后期、奴隶社会和封建社会的漫长历史时期中，自然经济长期占统治地位，实物储蓄广泛存在，并且是当时储蓄的主要形式。实物储蓄有以下几个特点：一是以具有一定使用价值的实物为储蓄对象，是一种使用价值的储蓄；二是储蓄的对象十分广泛，只要是在一定时期内能保持其形态和性能的实物都可以成为储蓄的对象；三是具有可靠的保值性，不受货币贬值的影响，即使在现在，当货币储蓄因通货膨胀不能充分保值时，实物储蓄仍具有取代货币储蓄的可能性。但实物储蓄也有其局限性，它受时间、空间等客观条件限制；四是不具有明显的收益性，储蓄的目的主要是为"积累节余，以备急用"，而不是为了取得收益。

随着社会生产力的发展和剩余劳动产品的增加，自给自足的自然经济逐渐被以商品交换为目的的商品经济所取代。特别是到了封建社会后期，在资本制度的推动下，长足发展的商品经济逐渐取代封建自然经济而处于统治地位。于是，居民分散的货币储蓄形式也就产生了。

在我国，货币产生于商代，货币储蓄也起源于商代。那时，货币储蓄主要是分散的个人货币窖藏。在汉朝，人们采取"扑满"的方式贮藏货币，"扑满者以土为器，以储钱，有入窍，而无出窍，满则扑之"（《中国货币史》）。南北朝时期，专门经营货币存放款业务的机构也应运而生。此时，储蓄已不局限于私人的货币窖藏了。唐朝中叶，由于经济繁荣，促进了商业的发展，各地经济交往十分频繁，因此出现了专为商人保管银钱的"柜坊"。当时以京城长安最为兴盛，官商存钱最多的达数百万贯。这种货币储蓄，只是单纯的保管钱财活动，不但不支付利息，储蓄者还要给柜坊交保管费。北宋时期，四川商人为流通方便，发行了一种纸币——"交子"，以代替银钱流通，随之便产生了专门经营银钱交易业务的机构——"钱铺"。明代的银钱业就更加普遍了。具有现代意义的储蓄存款业务直到清代后期才在我国出现。

从实物储蓄到分散货币储蓄，在经济意义上有了一定程度的进步。它克服了实物储蓄对使用价值时间及量上的许多限制，扩大了储蓄的范围，延长了储蓄的时间，能更充分地满足人们对储蓄的需要，较实物储蓄更有利于促进社会生产力的发展。

但是，这种进步又有一定限度。对社会经济真正起巨大推动作用的储蓄形式，是出现银行以后的信用储蓄。

随着信用和银行的发展，分散的货币储蓄形式逐渐被银行信用储蓄形式所取代，并成为银行资金的重要来源。信用和银行是与商品生产、货币经济相联系的经济范畴。封建社会后期，由于商品经济的较快发展，商品生产者之间的信用关系也得到了较快的发展。到了资本主义社会，商品经济占了绝对统治地位。于是，在广泛的商业信用基础上，作为信用中介的银行也发展起来。

银行信用储蓄的特点，一是进行收储活动的主体是银行，而不再是分散的居民个人。对于储户来说，这是一种特殊形式的货币贮藏；二是银行吸收居民储蓄采取的是信用形式，也就是银行向储户提供信用，对储户来说，是以偿还为条件的价值使用权的暂时让渡，居民存入银行的货币所有权还是他个人的，而且还可以得到一定的收益；三是银行吸收了居民储蓄，又以信用形式把这部分资金的使用权让渡给资金使用者，并从中取得利息收入。这是银行信用储蓄区别于实物储蓄、分散货币储蓄的重要特点。

现代银行信用储蓄直接收储的对象是纸币。纸币按其历史发展分为可兑现纸币和不可兑现纸币。在可兑现纸币制度下，银行收储纸币与金银的比值不动，那么储蓄存款在不同时点上的名义价值和实际价值就是统一的。但是，在不兑现的纸币制度下，由于一定量纸币与贵金属没有法定的兑换比例，甚至纸币与贵金属依靠强制发行它的国家来维持。这样，由于国家性质及货币制度的不同，纸币储蓄存款在不同时点上的名义价值与实际价值也不完全相同，而货币存款在不同的名义价值与实际价值也不完全相同。在货币贬值的条件下，就会影响居民储蓄的积极性和储蓄经济意义的充分发挥。

银行信用储蓄，相对于实物储蓄和居民分散货币储蓄，其经济意义发生了根本性的变化。因为在这里，不但原先无限分散、遍布全国的货币贮藏现在集中到银行了，即完成了由分散到集中的转化，而且还在于银行集中居民闲散货币的目的本身不是为集中而集中，而是为了运用而集中。这样，就完成了呆滞的货币贮藏向信贷资金运动的转化。现代银行对经济的巨大杠杆作用，主要是依靠吸收储蓄存款，聚集和运用大量资金。信用储蓄已经成为现代银行筹集资金的重要方式。

了解了储蓄的历史发展形式，那么储蓄作为现代经济中广泛使用的一个概念，是指一个国家或地区一定时期国民收入中未被消费的部分。它相当于国民收入积累额，又称为社会总储蓄，包括政府储蓄、企业（公司）储蓄和个人储蓄三部分。政府储蓄是指政府财政的结余；企业储蓄是指企业的留用利润；个人储蓄是指家庭储蓄，即居民的可支配收入减去即期消费后的剩余。这种意义上的"储蓄"，不仅包括了居民在银行的储蓄存款，而且也包括购买各种有价证券、私人对企业投资、购买房地产、保险和手中现金等。

家庭理财免不了与银行打交道。因此，我们需要对我国目前的银行机构体系有一个大概的了解。简单来看，主要有以下几种类型的银行：

第一种是各种商业银行的业务管理机构，即中国人民银行，它在内部机构设置上分为总行、分行、中心支行和支行4个层次。中国人民银行实质上是一个政府管理部门，是我国的中央银行。

第二种是履行特殊职能的政策性银行，即国家开发银行、中国农业发展银行和中国进出口银行。这些银行兼有银行和政府机构双重职能，资金来源和资金运用方式均有其特殊性，普通居民一般很少与这些银行打交道。

第三种是规模庞大、网点众多的四大国有独资商业银行，即中国工商银行、中国农业银行、中国银行和中国建设银行。

这四家银行受历史因素影响，一般是按照行政区划设置分支机构，因而不仅营业网络庞大，而且居民也最为熟悉。这些银行在内部机构设置上普遍包括总行、省分行、地市级分行、县级支行、分理处和储蓄所等 5 个层次。居民日常主要跟储蓄所打交道。

第四种是股份制性质的商业银行，包括交通银行、中国民生银行、中国光大银行、中信实业银行、华夏银行、上海浦东发展银行、福建兴业银行、广东发展银行、深圳发展银行、招商银行等 10 家全国性银行和北京市商业银行、上海银行等仅限在一个城市范围内的共 90 家城市商业银行。

第五种是城市信用合作社、农村信用合作社和邮政储汇局。这些金融机构在业务经营范围受到较多的限制，如邮政储汇局仅限于办理居民储蓄业务。

日常经济生活中，人们主要是与第三、第四和第五种银行类金融机构打交道。

二、"储蓄罐"利息的计算

利息的计算与本金和利率有关，下面给出的是 1999 年 6 月 10 日调整利息后的金融机构存款利率：

活期存款年利率为 0.99%。

定期存款中整存整取的年利率分别是：3 个月 1.98%、半年 2.16%、1 年 2.25%、2 年 2.43%、3 年 2.70%、5 年 2.88%。

零存整取、整存零取、存本取息的年利率分别是：1 年 1.98%、3 年 2.16%、5 年 2.25%。

定活两便，按 1 年以内定期整存整取同档次利率打 6 折执行。

协定存款的年利率为 1.71%。

通知存款的年利率分别是：1 天 1.35%、7 天 1.8%。

（一）活期储蓄存款利息的计算

活期储蓄每年 6 月 30 日为结息日，采取的是复利制，即以结息后的总额作为新的起息额。我国银行计算活期储蓄存款利息一般使用的方法是积数计算方法，步骤是：

每次余额×存期＝积数

积数和×利率＝利息

例如某家庭的活期储蓄记录如下：2005 年 4 月 5 日存入人民币 500 元，余额 500 元，存期 15 天，积数为 500×15＝7500；4 月 20 日支取人民币 200 元，余额 300 元，存期 3 天，积数为 300×3＝900；4 月 23 日支取人民币 100 元，余额 200 元，存期 48 天，积数为 200×48＝9600；6 月 11 日存入 600 元，余额 800，存期 10 天，积数为 800×10＝8000。6 月 21 日销户，整个积数和为：7500＋900＋9600＋8000＝26000。

利息＝26000×（0.99％/360）＝0.72 元。此种计算方法积数和应乘以日利率。

（二）整存整取定期储蓄存款利息的计算

利息＝本金×实存年数×年利率

例如存入 2 万元人民币，分别按整存整取 3 个月、半年、1年、2 年、3 年和 5 年期存款，利息的计算是：

3 个月期：20000×3÷12×2.98％＝99（元）

半年期：200006×12×2.16％＝216（元）

1 年期：20000×1×2.25％＝450（元）

2 年期：20000×2×2.43％＝972（元）

3 年期：20000×3×2.70％＝1620（元）

5 年期：20000×5×2.88％＝2880（元）

（三）零存整取定期储蓄存款利息计算

计算公式为：利息＝（末次余额＋首次余额）×存入次数×月利率/2

例如每月存入 100 元，则利息为：

1 年期：（100＋1200）×12÷2×（1.98％÷12）＝12.87

（元）

3 年期：（100＋3600）×36÷2×（2.16‰÷12）＝119.88（元）

5 年期：（100＋6000）×60÷2×（2.25‰÷12）＝343.13（元）

（四）存本取息定期储蓄利息计算

计算公式为：每次支取利息数＝本金×存期×利率/支取利息次数

例如 2002 年 4 月 10 日存入 20000 元，存期 3 年，每月支取 1 次，从 2002 年 4 月 10 日到 2003 年 4 月 10 日，每月领到的利息为：

20000×2×2.16‰÷36＝24（元）

（五）整存零取定期储蓄利息计算

计算公式为：到期应付利息＝（全部本金＋每次支取本金）/2×支取本金次数×每次支取间隔月数×月利率

例如存入银行 18000 元，3 年期，每月支取 1 次，共支取 36 次，每次支取 500 元，那么利息＝（18000＋500）÷2×36×1×2.16‰÷12＝599.4（元）

（六）定活两便储蓄存款利息计算

整个存期按支取日同档次利率整存整取打六折计算，遇到利率调整不分段计息。

例如存入定活两便 2000 元，实际存期 10 个月。利息＝2000×（10×30）×（2.16‰÷360）×60％＝21.6（元）

三、为什么不能做"储蓄罐"

人们将钱存到银行，不仅仅是为了保值，更重要的是为了增值，但货币的时间价值和风险影响到你存款收益。虽然在中国，许多的人把储蓄当作一种投资，这种投资虽算是最稳当的，但也有一定的投资风险。

现在人人都知道，"时间就是金钱"，但并非人人都知道它的真正含义，以及如何重视、利用和计算时间的价值。

从最本质的意义上讲，任何价值的创造都需要时间，价值是随时间的流逝而增加的。从较低价值的物品转化成较高价值的物品，需要时间；从婴儿诞生到劳动力的形成，尤其是高价值人力资本的形成，更是需要时间。另一方面，价值的存在也是与时间相伴随的。技术的进步，使以前很有价值的产品贬值，甚至一文不值；而人力资本的价值，需要在时间流逝的过程中进行补充，其价值才能保持，否则就会减少。

"时间就是金钱"的观念，在市场经济中体现得更充分、更直接。金钱在时间流逝中具有增值的能力，相反金钱呆在原处不动，不仅不会增值，而且随通货膨胀的进展还会贬值。个人投资的一个重要功能就在于，把手中的金钱投放出去，随时间的流逝，不仅保值，而且不断使其增值。

因此，在投资前，必须要真正懂得投资的时间价值，并学会把握时间的价值，才能达到致富的目的。怎样把握时间价值呢？下面是经常使用的计算投资时间价值的两种基本方法：一是现值，即现在的价值；二是终值，也就是未来某一时点的价值。

（一）现值

现值，简单地说，就是今天的钱比明天等量的钱价值更大（不计通胀或收缩的因素）。今天的钱与明天的钱虽然等量，但今天的钱在时点上比明天的钱早；今天的钱还有 24 小时的时间价值可以利用，可以投资，到明天便可以获得更多的钱。换句话说，未来可得到的价值在今天不值那么多，而今天的钱又不值过去那么多。

现值的概念是从把资金投入银行生利引出来的。假设有一笔资金 P 存入银行，每年以银行存款利率 i 增加其效益，N 年后，资金数量就会变成 F^n。

当从未来资本价值 F^n 反推出最初投资价值时，便可得到现值的如下公式：

$$P = F^n \frac{1}{(1+i)^n}$$

其中：P 为现值；F^n 为 n 年后的未来价值；i 为利率。

举例说，某人准备投资于银行 1 年定期储蓄，如果银行利率为 10%，则他只要投入 90.91 元，即可获得 100 元的未来价值。这 90.91 元就是 1 年后 100 元钱的现价值，即现在的 90.91 元相当于 1 年后的 100 元钱。

再换个例子，如果一个人想购买 3 年后价值 80000 元债券，以便届时购买住宅。这种 3 年期、年利率 10% 的债券，每年计算复利（即在一定时期，将所生利息并入本金再计利息，逐期滚算，利上加利），那么他只需要购买 60105 元的债券，即 60105 元就是 80000 元债券的现值，即您如果用 60105 元购买了这笔债券，您就可以获得 3 年后的 80000 元，而换一种说法就是 3 年后的 80000 元与今天的 60105 元是等值的。

这时，如果有人要向他借这笔数额为 60105 元的钱，就必须承诺不少于 10% 的年利率方能借到。也就是说，该资本所有者，放弃了投资债券的每年 10% 的收益机会，他必须找到不低于此的收益作补偿。

投资者在一定利率水平下，期望在一定时间后可得到的总金额确定后，便可以利用现值公式确定这笔金额的现值。如果您在银行利率为 10% 的情况下，希望 5 年后的总金额为 10000 元的一笔资金以应购房之需，那么您现在需存入银行的钱为 6209 元。也就是说，5 年后的 10000 元的现值只有 6209 元。

（二）终值

终值，也称未来价值，是指一笔资金在一定利率或收益率下投资，而在未来某一时刻的价值。这个概念是从借贷的"利滚利"即复利中产生的。

假定银行一定时期的利率是 10%，100 元存款 1 年期满，就变成了 110 元。这 110 元又存 1 年，到第二年末就变成了 121 元，这笔 100 元的资金投资 1 年、2 年后的价值分别为 110 元和 121 元，它们就是 100 元的终值。其公式为：

$$F_n = P \times (1+i)^n$$

式中：P 为期初投资额；i 为利率或收益率；n 为投资年限；F_n 为终值或未来价值。

例如，100 元投资在收益率为 10％的条件下，第 5 年末的终值是：

$$F_5 = 100 \times (1+10\%)^5$$
$$= 162.5 \text{ 元}$$

财商低的人攒钱，财商高的人赚钱

财商低的人总是认为钱放在银行是最安全的，没有任何的风险。财商高的人认为这种认识是不正确的，储蓄虽然是较为安全的一种，但在储蓄的过程中的确存在着操作和通货膨胀的风险。由于储蓄风险的存在，常使储蓄利率下降，甚至本金贬值。

一般说来，风险是指在一定条件下和一定时期内可能发生的各种结果的变动程度。风险的大小随时间延续而变化，是"一定时期内"的风险，而时间越长，不确定性越大，发生风险的可能性就越大。所以，存款的期限越长，所要求的利率也就越高。这是对风险的回报和补偿。

存款有以下几类风险：

一、通货膨胀的风险

鉴于通货膨胀对家庭理财影响很大，我们有必要对通货膨胀有更多的了解。通货膨胀主要有两种类型，一种是成本推进型，一种是需求拉动型。如果工资普遍大幅度提高，或者原材料价格涨价，就会发生成本推进型通货膨胀；如果社会投资需求和消费需求过旺，就会发生需求拉动型通货膨胀。

通货膨胀产生的原因主要包括：

（一）隐性通货膨胀转变为显性通货膨胀

许多国家为了保持国内物价的稳定，忽视了商品比价正常变动的规律，实行对某些企业和消费对象财政补贴的政策。正是这种补贴，使原有价格得以维持，否则在正常情况下，这些商品的价格早已上涨了。一旦取消补贴，或把补贴转化为企业收入和职工收入，物价势必上涨，隐性通货膨胀就转化为显性通货膨胀。

（二）结构性通货膨胀

由于政策、资源、分配结构和市场等原因，一个时期内，某类产业某些部门片面发展，而另外的产业和部门比较落后，供给短缺。经过一定时期，只要条件改变，落后部门的产品价格势必上涨，由此带来整个物价水平的上升。

（三）垄断性通货膨胀

一国的经济中，如果存在某些部门、地区的社会性力量比较强大，对别的部门、地区居压倒性优势，则易于形成垄断性价格，并使价格居高不下乃至上升，构成垄断性通货膨胀。

（四）财政性货币发行造成通货膨胀

一般情况下，经济发展，需要每年增加一定货币投放量，以满足流通和收入增长的需要。但是如果增发的货币不是由于经济增长和发展的需要，而是由于国家存在庞大的财政赤字，增发货币用来弥补赤字，则被称作财政性的货币发行，必然带来通货膨胀。

（五）工资物价轮番上涨型通货膨胀

物价上涨使工资收入者的实际工资降低，引起各方面增加工资的需求以弥补实际收入的减少，如果国家采取了增发工资的政策，将导致通货膨胀的再攀高。

在存款期间，一方面由于储蓄存款有息，会使居民的货币总额增加，但同时，由于通货膨胀的影响，单位货币贬值而使货币的购买力下降。在通货膨胀期间，购买力风险对于投资者相当重要。如果通货膨胀率超过了存款的利率，那么居民就会产生购买力的净损失，这时存款的实际利率为负数，存款就会发生资产的净损失。一般说来，预期报酬率会上升的资产，其购买力风险低于报酬率固定的资产。例如房地产、短期债券、普通股等资产受通货膨胀的影响比较小，而收益长期固定的存款等受到的影响较大。前者适合作为减少通货膨胀的避险工具。

通货膨胀是一种常见的经济现象，它的存在必然使理财者承担风险。因此，我们应当具有躲避风险的意识。

二、利率变动的风险

利率风险是指由于利率变动而使存款本息遭受损失的可能性。银行计算定期存款的利息，是按照存入日的定期存款利率计算的，因为利息不随利率调整而发生变化，所以应该不存在利率风险的问题。但如果有一笔款项，您在降息之后存的话，相比降息之前，就相当于损失了一笔利息，这种由于利率下降而可能使储户遭受的损失，我们也把它称为利率风险。这是因为丧失良好的存款机会而带来的损失，所以也称之为机会成本损失。

三、变现的风险

变现风险是指在紧急需要资金的情况下，您的资金要变现而发生损失的可能性。在未来的某一时刻，发生突发事件急需用钱是谁都难以避免的。或者即使您预料到未来某一时刻需要花钱，但也可能会因为时间的提前而使您防不胜防。这时，您的资产就可能面临变现的风险，要么您就不予以提前支取，要么您就会被迫损失一部分利息。总之，将使您面临两难选择。例如，如果您有一笔 1 年期的定期存款，在存到 9 个月的时候急需提取，那么您提前支取的时候就只能按照银行挂牌当日活期存款的利率获取利息，您存了 9 个月的利息就泡汤了。

由此可见，风险是投资过程中必然产生的现象，趋利避险是人类的天性，也是投资者的心愿。投资者总是希望在最低甚至无风险的条件下获取最高收益，但实际上两者是不可兼得的。储户在选择储蓄的时候，只能在收益一定的情况下，尽可能地降低风险；或者是在风险一定的情况下使收益最大。

四、银行违约的风险

违约风险是指银行无法按时支付存款的利息和偿还本金的风险。

银行违约风险中最常见的是流动性风险，它是导致银行倒闭的重要原因之一。银行资产结构不合理、资金积压过于严重或严重亏损等，就会发生流动性风险。一旦发生流动性风险，储户不能及时提取到期的存款，就会对银行发生信任危机，进而导致众多其他储户竞相挤提，最后导致银行的破产。

一般来说，国家为维持经济的稳定和社会的稳定，不会轻易让一家银行处于破产的境地，但是并非完全排除了银行破产的可能性。如果银行自身经营混乱，效益低下，呆坏账比例过高，银行也是可能破产的。一旦发生银行的倒闭事件，居民存款的本息都会受到威胁。1998 年 6 月 21 日，海南发展银行在海南的 141 个网点和其广州分行的网点全都关门，成为我国自新中国成立以来第一家破产的银行。

海南发展银行成立于 1995 年 8 月 18 日，它是在当时的富南、蜀光等 5 家省内信托投资公司合并改组基础上建立起来的。47 家股东单位中，海南省政府为相对控股的最大股东。总股本10.7 亿元人民币。

1997 年底，海发行已发展到 110 亿元人民币的资产规模，累计从外省融资 80 亿元，各项存款余款 40 亿元，并在 2 年多时间里培养了一大批素质较高的银行业务骨干。但从 1997 年 12月开始海发行兼并了 28 家资产质量堪忧的信用社，使自身资产

总规模达到 230 亿元，从而给海发行带来灭顶之灾。到 1998 年
4 月份，海发行已不能正常兑付，因此规定每个户头每天只能取
2 万元，不久又降为每天 5000 元，到 6 月 19 日的兑付限额已经
下降到 100 元，从而使海发行最终走向了不归路。

海发行的破产为中国的银行业敲响了警钟，同时也为广大
储户上了生动的一课。虽然海发行最后由工商银行接管并对其
储户进行兑付，但储户所遭受的信用风险是无法挽回的。

五、连战家族理财的启示

如果以上的种种说明仍然无法改变你一味地将钱存在金融
机构的理财方式，那连战家族理财会成功的原因与其历史，或
许可以加深你的印象。

连战的祖籍是福建漳州龙溪县，祖上于明末清初迁到台湾
台南，世代以经商为生。虽说其祖上一直是名门贵族，但真正
使连家达到富可敌国的兴旺程度，还应属连战的父亲和连战这
两代人。当初连战的曾祖父连得政在日本占领中国前曾担任抗
日筹饷之职，因此日本人割据台湾后将连家的家产全数充公。
1936 年，连战的祖父连横临终时曾对连战的父亲连震东说："余
无长物留汝。"意思是没留下什么财产。但是，此后经过连震东
和连战两代人的努力，连家财产总值据估计已达 300 亿元以上！
不过，连战父子的发家，并不是依靠先辈惯用的经商做买卖，
而是凭借科学的投资理财，大胆进行金融、房产投资，只用了
几十年便从倾家荡产逐渐成为了当地最富有的家族之一。

说起连家的投资理财不能不说到连战的母亲赵兰坤，赵兰
坤出身于沈阳名门世家，毕业于北平燕京大学（现北京大学）。
连震东一直在官场任职，天天忙于公务，几乎没有时间过问家
里的理财事务，所以，赵兰坤便理所当然地成了连家的当家人。
作为一位知识女性，她不像一般妇人那样只会把钱存在银行，
而是积极进行投资理财。因为当时中小企业银行的董事长陈逢
源与连震东是老乡，彼此了解，私交甚好，所以赵兰坤便大胆

地购买了北企的原始股票，并担任了北企的董事；此后赵兰坤又陆续投资了彰化银行等股票。后来，依靠这些股票，连家获得了丰厚的回报。

连家持有金融股票，取得贷款比较方便，在进行股票投资的同时，赵兰坤向彰化商业银行贷款，开始积极涉足台湾的房地产业。她陆续在台北购买了大量的土地和房产，并只租不卖，长线投资，使家族资产不断膨胀。在 1989 年国税局的资料中，登记在连战名下有 6 笔土地，约合 20250 平方米，据当时的报刊评估，两万余平方米土地按当前市价计算，价值约 200 亿元。

连战曾透露他们家的理财是无为而治，意思是买进房产或股票之后便不去管它，而进行长期投资。在连家进行投资理财的几十年里，他们只是追加投资，很少买卖，不以短期获利而喜，不以暂时亏损而悲，因此他们长期投资的平均收益率达到了 20％以上。不考虑复利因素，连家的资产以 5 年翻一番的速度增长，从而创造了从"余无长物"到富可敌国的理财神话。连战家族投资理财给我们的启示是，无论炒股还是投资房产，不能指望一两年就能取得多少收益，而是要选好投资目标，进行长期投资，那句"长线是金，短线是银"的老话，可以说与连战家族的投资理财观念不谋而合。

连震东夫妇投资股票和房产也都是听从了朋友的劝告，从中小企业银行的董事长陈逢源，到彰化银行董事长张聘山，都是他父亲的老乡或同学，双方对彼此的为人、信誉以及经济实力等情况可以说非常了解，所以他们巧用人脉资源，较好地选准了投资方向，避免了投资失误。一个人能走多远，取决于他和什么样的人为伍，在我们日常理财中，个人掌握的理财知识和理财信息毕竟是有限的，这时如果有几位理财方面的良师益友，便可以开阔自己的视野，提高理财水平。

如果你手中有 10 万元，投资的年收益是 10％，那你一年可获利 1 万元；你觉得这项投资十分稳妥，又向银行申请了 20 万元贷款进行投资，假设扣除 5％的贷款利息，那你一年总的投资收益就是 2 万元。连战家族就是运用了这种借鸡生蛋的投资方式，他们投资银行股票，本身会从股票增值和分红中获利，另外还可以非常方便地取得银行贷款，从而加大投资筹码，获得更大收益。如果连战家族一直靠自己的积蓄进行投资的话，估计现在和普通老百姓差不了哪里去。所以，如果你有房产、基金等收益可观又相对稳妥的投资项目，可以适当地进行负债投资。

连家最初投资股票和房产的时候，多数人认为这是风险投资，基本无人涉足，而连战的父母从数十年前就敢于炒股、炒房，这需要相当大的胆量。对于广大工薪族来说，可以借鉴连战家族的经验，抛弃有钱存银行的老观念，适当进行较高收益的风险投资。以储蓄和开放式基金为例，储蓄比基金稳妥，但年税后收益只有 1.8％；基金虽然要承受一定风险，但很多基金的年收益都达到了 10％。长此以往，采用不同的理财方式，在财富积累上就会出现分化，其结果是贫者越贫，富者越富。所以，要想取得连战家族那样可观的理财收益，必须选择增值快的非传统投资方式。

虽然有些人认为家庭必须要存预备资金，以支应不时之需，其实纵使家里突然发生重大事故导致银行内的存款不敷所需，投资者也不需担心，因为上述之高报酬率投资标的——股票、房地产，其变现性也不如想象的那么差。就上市股票而言，股票市场，除特殊假日外，几乎是全年无休，且市场交易热络，故若个人碰到紧急事件，急需用钱，可立即卖出，两三天就可取得现金，若舍不得卖，股票还可以抵押借款。

房地产的变现性当然没有股票好，但目前多家银行已提供所谓的"循环性房贷"，是有壳族将不动产转换为动产的一项重要渠道。所谓循环性房贷，是指客户可将房子等不动产设定抵押，然后取得该不动产价值七成到七成五的贷款。既然名为循环性房贷，就是指客户可以随时借、随时还，借款期间才计息。例如，一栋 1000 万元的房子，设定抵押贷款 750 万元额度的循环性房贷，若一次支用 500 万元，可借用额度还有 250 万元，且不计息，仅就 500 万元计息。借款者一有闲置资金时，可以随时偿还部分借款，可减轻利息负担。

不少理财专家建议理财三分法，即将财产分为三等份，一份存银行，一份投资房地产，一份投资于较投机的工具上。但作者建议的投资组合为"两大一小"，即大部分的资产以股票和房地产的形式投资，小部分的钱存在金融机构作为日常生活所需。这种"两大一小"的组合方式并非我所发明的，事实上，这正是许多利用理财致富的人所采用的投资组合方式。

钱存银行是最危险的理财方式，因为利息在通货膨胀的侵蚀下，报酬率接近零。将钱存银行虽具有方便性但无法提高报酬率，钱存在银行想致富，就如同打棒球，不挥棒却想赢球。存在银行的金额只要保持两个月的生活所需即可。

六、有钱不置半年闲

《圣经》上有一则劝人善加理财的故事，叙述一个大地主有一天将他的财产托付给三位仆人保管与运用。他给了第一位仆人五个单位的金钱，第二位仆人两个单位的金钱，第三个仆人一个单位的金钱。地主告诉他们，要好好珍惜并善加管理自己的财富，等到一年后再看看他们是如何处理钱财。

第一个仆人拿到这笔钱之后做了各种投资；第二位仆人则买下原料，制造商品出售；第三位仆人为了安全起见，将他的钱埋在树下。一年后，地主召回三位仆人检视成果，第一位及第二位仆人所管理的财富皆增加了一倍，地主甚感欣慰。唯有第三位仆人的金钱丝毫未增加，他向主人解释说："唯恐运用失当而遭到损失，所以将钱存在安全的地方，今天将它原封不动奉还。"

主人听了大怒，并骂道："你这个懒惰的仆人，竟不好好利用你的财富。"财富不善利用等于浪费金钱，浪费了天赋资源。《圣经》故事内的第三位仆人受到责备，不是由于他乱用金钱，也不是因为投资失败遭受损失，而是因为他把钱存在安全的地方，根本未好好利用金钱。

钱存在银行是当今一般人投资理财最普遍的途径，同时也是一般人理财所犯的最大错误。因此，本书在此要提供给读者第一个也是最重要的理财守则是：钱不要存银行。这里所指的银行，泛指邮政银行、一般银行及其他可存钱之金融机构。

多数人认为钱存在银行能赚取利息，能享受复利效果，如此，金钱已经做了妥善的安排，已经尽到理财的责任。事实上，利息在通货膨胀的侵蚀下，实质报酬率接近于零，等于没有理财。因此，钱存在银行不算理财。

每一个人最后能拥有多少财富，难以事先预测，唯一能确定的是，将钱存在银行而想致富，难如登天。试问：你是否听说有单靠银行存款而致富的人？将所有积蓄都存在银行的人，到了年老时不但无法致富，常常连财务自主的水平都无法达到，这种例子时有所闻。选择以银行存款作为理财方式的人，其着眼点不外乎是为了安全，但是读者必须了解：钱存在银行短期是最安全，但长期却是最危险的方式。

某研究院曾公布过一份"一般家庭各种金钱投资项目参与率"的调查报告，排名前 3 位的投资标的依序为活期存款（72％）、定活两便存款（53％）、定期存款（36％），显然大多数人倾向于传统的理财方式。且根据 1994 年所做的问卷调查：如果有 1000 万元的储蓄，你将会如何使用？结果发现约有 41％的受访家庭表示，会将钱存入银行机构生利息，可见一般人对银行存款之钟爱程度。

这个现象显示，常人投资理财仍然过于依赖传统的银行存款，理财时只着重完全性与便利性的考虑，而忽略"报酬率"的重要性。然而，只顾存钱，并将储蓄下来的钱生息，往往是投资理财错误的第一步。

与此同时，如果在通货膨胀 5％的情况下，却将钱存在名目利率约为 5％左右的银行存款，那么实质报酬率等于零。在这种情况下，复利作用完全失效。一个人的财富，必须完全靠自己聚沙成塔、积少成多，一点一滴地累积。试想一个人一年存下 50 万元，需要多少年才能成为亿万富翁？答案是 200 年！

一个人一年储蓄 50 万元很难，一个人要活 200 岁那就更难了！因此，假如尽心尽力地开源节流，却将钱全部存在银行，我们可以预见，这个人很难拥有巨额财富，更糟糕的是，他连下辈子都没希望致富。一个人平均寿命是 75 岁，两辈子也只不过是 150 年，钱都存银行的人要到第三辈子才有机会成为亿万富翁。一个家族的理财观念如果一直固守"勤俭持家，然后将钱存在银行"的理财方式，这个家族至少要 200 年，大约是 7 代之后才有机会成为亿万富翁。反之，若是你能理财得当，40 年（半辈子）便可坐拥亿万家产。

因此，财商高的人认为：钱存银行，是无法致富的。在当今的市场经济条件下，人们不能仍然保持那种陈旧的理财观念，不能把钱全放在银行，应该把钱拿出来做其他方面的投资。财商高的人告诉我们，让金钱流动起来。

财商低的人用今天的钱，财商高的人用明天的钱

财商低的人虽知道怎样挣钱，但往往不知道怎样花钱。而财商高的人既知道怎样赚钱，也知道怎样花钱。财商低的人用今天的钱，财商高的人用明天的钱。

有一则很富有哲理的小故事。一个中国老太太和一个美国老太太在入地狱之前进行了一段对话。

中国老太太说："我攒了一辈子的钱终于买了一套好房子，

但是现在我又马上要入地狱了。"而美国老太太则说："我终于在入地狱之前把我买房子的钱还清。但幸运的是我一辈子都住上了好房子。"

初看这组对话，它只是反映了东西方人消费观念的不同。但再进一步深层挖掘，其中蕴含了一个深刻的哲理，即要善于把自己明天（未来）的钱挪到今天用。过平常生活要如此，经商致富更是如此。这也是现代致富理念的重要内涵。

就一般人而言，在致富之初都缺乏资金，但这并不意味着他今后没有钱。这主要取决于他对自己未来事业的信心和个人成功致富的基本素质与条件。只要他个人有信心致富，个人有良好的致富素质和条件，那么他未来就肯定能成为一个财商高的人。既然他未来是财商高的人，那么就可以把未来的钱挪到今天用。

财商高的人认为，就今天而言，未来的钱只是一个虚拟，你若想把其变成现实的钱用于今天，就必须先向别人借钱或向银行贷款。这样你就能实现"把明天的钱挪到今天用"。

中国的改革开放 30 多年来，人们的观念发生了翻天覆地的变化，尤其是在财商理念的熏陶之下，在我国又掀起了一股理财的浪潮。

赵先生经商数年，虽然算不上是家财万贯，也是薄有积蓄。刚刚在市郊购买了一栋百余平方米的高档住宅。房子有了，交通却成问题了。于是赵先生打算再买一辆车，公私两用。可谈到买车，赵先生却犹豫了。赵先生一直青睐本田雅阁，价格合理，售后服务也不错，现在也不用加价提车了。赵先生只是拿不准应该是一次性付款，还是应该贷款买车。于是他向两位好友——大刘和小魏咨询。

大刘说："赵哥，我劝你一次性付款。方便省事，一手交钱，一手提车，当天就可以搞定。既不用整天跑银行去办贷款手续，又不用付给银行利息。你又不是拿不出那十几万块钱？

你说对不?"赵先生听完,连连点头称是。

可死党小魏一听大刘这话,一个劲儿地直晃脑袋:"不对不对,绝对不对。赵哥,车只会越用越旧,价值在降低,这就是说买车不是投资,不会增值。应该贷款买车,把省下来的钱拿去投资股票啦,地产啦,只要投资得当,没准贷款没还完,车钱就能先赚回来了呢。"听了这话,赵先生认为也很有道理。

于是,赵先生就自己算了算,车价+新车购置税+牌照费用+保险费用,共计是:290323元。

如果首付30%,分3年按揭,首付128095元,每月还款本金5052元,利息439元,合计5491元。3年共计还款325771元。如果首付30%,分5年按揭,则首付144731元,月还本金3031元,利息449元,合计3480元。5年共计还款353531元。(首付指:汽车价格×首付百分比+车辆购置税+保险费用+牌照费用)

现在我们看到,同样一辆新雅阁,贷款购车(3年按揭)比一次性付款要累计多交35448元,而首付则可减少162228元。换句话说,赵先生如果选择贷款购车,要在3年内用这162228元,净赚到35448元以上,即年收益率在7.28%以上,才有利可图。当然,这么说是不算3年汽车折旧费的。如果你对于高风险投资自认很在行,不妨贷款购车,用省下来的钱去投资;如果你觉得这钱在手里的收益达不到这么高,那还是一次性付款更划算。

贷款买车是近几年新兴的一种购车方式。它是指购车人使用贷款人发放的汽车消费贷款购车,然后分期向贷款人偿还贷款。双方本着"部分自筹—有效担保—专款专用—按期偿还"的原则,依法签订借款合同。

在汽车消费大国——美国,80%—85%的消费者都是通过汽车贷款来购车。在中国,根据慧聪160电话调查中心的统计,有68.3%的人愿意选择分期付款的方式,31.7%的人选择一次性付款方式。可见，贷款买车还是深入人心的，是一种大众十分乐于接受的购车方式。对于中国大部分普通家庭来说，贷款购车，分期还款的方式，降低了汽车消费门槛，圆了他们的汽车梦。对于汽车企业来说，贷款购车极大地刺激了百姓的汽车消费热情，使得中国的汽车销售有了一个井喷期。这其实是一种把明天的钱放在今天用的消费方式。

财商低的人花自己的钱，财商高的人花别人的钱

财商低的人贫穷的主要原因，就是只知道花自己的钱，他们将挣的钱存在银行，要用钱的时候就小心翼翼地到银行取钱，他们很少想到用别人的钱来消费或做生意。而财商高的人则认为善用别人的钱赚钱，是获得巨额财富的好方法。富兰克林、尼克松、希尔顿都用这个方法。如果你已经很省钱，同样的方法依然适用。

威廉·尼克松说："百万富翁几乎都是负债累累。"

富兰克林在 1748 年《给年轻企业家的遗言》中说："钱是多产的，自然生生不息。钱生钱，利滚利。"

所谓"用别人的钱"是正当，诚实的，绝不违背道德良知。同时，要作优惠的回馈。

诚信是无可替代的，缺乏诚信的人，即使花言巧语，也会被人识破。使用别人的钱，首重诚信。诚信是所有事业成功的基础。

银行是你的朋友。银行的主要业务是放款，把钱借给诚信的人，赚取利息；借出愈多，获利愈大。银行是专家，更重要的是，它是你的朋友，它想要帮助你，比任何人更急于见到你成功。

加州的威尔·杰克是百万富翁。起初他身无分文，直到外

出工作，才有了一些积蓄。每个周末威尔会定期到银行存款，其中一位柜员注意到他，觉得这个人天生聪慧，了解金钱的价值。

威尔决定创业，从事棉花买卖，那位银行工作人员向他放款。这是威尔第一次使用别人的钱。一年半之后，他改为买卖马和骡子，过了几年，累积许多的经验。

有一次，两个保险公司的业务员来找他。两个人都是优秀的保险业务员，业绩非常好，他们用推销保险的收入自己开公司，却经营不善，只好把公司转卖给别人。

很多销售人员以为只要业绩好，企业就能获得利，这是错误的观念。不当的管理会将利润腐蚀殆尽。他们的问题正是如此，两个人都不懂管理。

他们专找威尔，说出自己失败的经验。"我们的公司没有了，推销保险至今所赚取的佣金都缴了学费。如今连养家糊口都有困难"。

威尔说："我们对于推销工作非常在行，应该尽量发挥。你具有专业的知识和经验，我们需要你，大家共同合作，一定会成功"。

几年之后，威尔买下他和那两位推销员共同创立的公司全部股份，他怎么有钱？当然是向银行借钱。因为从小他就知道银行是他的朋友。

威尔向加州银行贷款。银行非常乐于把钱贷给像威尔一样有诚信的人，并且有可行性的人。威尔的贷款额度不受限制，他的寿险公司，原来的资本只有 40 万。通过基本客户群制度，在短短 10 年之内，获得 4000 万。其后，他更运用别人的钱投资旅馆、办公大楼、制造厂和其他企业。

资金困难时，借钱是明智之举。但是，借钱的同时必须考虑到自己的实力、信用，提出切合实际的要求，才不会被拒绝，这是真正的借钱生财术。

看着别人赚钱容易，而自己一动手却会失败，这是许多不敢创业者的心理状态。但要成功地创业就一定要克服这种畏惧心理，找到一条风险小又容易成功的道路。

显然，用"利用别人的钱"的方法，比用现金的方法，所赚的钱要多得多。"利用别人的钱"也有难以避免的缺点——是你要担更大的风险。如果你刚把地买下来，附近房地产的价值就跌下来，这种办法就会把你弄得一身是债，骑虎难下。这时，你不是忍痛赔钱把它卖掉，就是背着债，一直到市场好转，而采取现金式的办法，就不会有这种麻烦。

财商低的人钱是死钱，财商高的人钱是活钱

财商低的人认为挣钱不容易，将钱当作财神一样供奉，生怕有一天钱会飞走。"存钱防老"，是他们的一贯思想。在高财商人士的观念里面，就是"有钱不要过丰年头"。与其把钱放在银行里面睡觉，靠利息来补贴生活费，养成一种依赖性而失去了冒险奋斗的精神，不如活用这些钱，将其拿出来投资更具利益的项目。

财商高的人认为：要想捕捉金钱，收获财富，使钱生钱，就得学会让死钱变活钱。千万不可把钱闲置起来，当作古董一样收藏。而要让死钱变活，就得学会用积蓄去投资，使钱像羊群一样，不断地繁殖和增多。

财商高的人经商有个特点，采取彻底的现金主义。

富商凯尔，资产上亿美元，然而他却很少把钱存进银行，而是将大部分现金放在自己的保险库。

一次，一位在银行有几百万存款的日本商人向他请教这一令他疑惑不解的问题。

"凯尔先生，对我来说，如果没有储蓄，生活等于失去了保

障。你有那么多钱，却不存进银行，为什么呢？”

“认为储蓄是生活上的安全保障，储蓄的钱越多，则在心理上的安全保障程度越高，如此积累下去，永远没有满足的一天。这样，岂不是把有用的钱全部束之高阁，把自己赚大钱的机会减少了，并且自己的经商才能也无从发挥了吗？你再想想，哪有省吃俭用一辈子，光靠利息而成为世界上知名富翁的？”凯尔不慌不忙地答道。

日本商人虽然无法反驳，但心里总觉得有点不服气，便反问道：“你的意思是反对储蓄了？”

“当然不是彻头彻尾地反对，”凯尔解释道，“我反对的是，把储蓄当成嗜好，而忘记了等钱储蓄到一定时候把它提出来，再活用这些钱，使它能赚到远比银行利息多得多的钱。我还反对银行里的钱越存越多时，便靠利息来补贴生活费。这就养成了依赖性而失去了商人必有的冒险精神。”

凯尔的话很有道理，金钱只有进入流通领域，才能发挥它的作用。因为，躺在银行里的钱，几乎和废纸没什么区别。

财商高的人经商，很重要的秘方是不存款。在 18 世纪中期以前，他们热衷于放贷业务，就是把自己的钱放贷出去，从中赚取高利。到了 19 世纪后，直至现在，他们宁愿把自己的钱用于高回报率的投资或买卖，也不肯把钱存入银行。

财商高的人这种“不存款”的秘诀，是一门资金管理科学。它表明做生意要合理地使用资金，千方百计地加快资金周转速度，减少利息的支出，使商品单位利润和总额利润都得到增加。

做生意总得要有本钱，但本钱总是有限的，连世界首富也只不过百亿美元左右。但一个企业，哪怕是一般企业，一年也可做几十亿美元的生意，如果是大企业，一年要做几百亿美元的生意，而企业本身的资本，只不过几亿或几十亿美元。他们靠的是资金的不断滚动周转，把营业额做大。

普利策出生于匈牙利，17 岁时到美国谋生。开始时，在美国军队服役，退伍后开始探索创业路子。经过反复观察和考虑后，他决定从报业着手。

为了搞到资本，他靠自己打工积累的资金赚钱。为了从实践中摸索经验，他到圣路易斯的一家报社，向该老板求一份记者工作。开始老板对他不屑一顾，拒绝了他的请求。但普利策反复自我介绍和请求，言谈中老板发觉他机敏聪慧，勉强答应留下他当记者。但有个条件，半薪试用一年后再商定去留。

普利策为了实现自己的目标，忍耐老板的剥削，并全身心地投入到工作之中。他勤于采访，认真学习和了解报馆的各环节工作，晚间不断地学习写作及法律知识。他写的文章和报道不但生动、真实，而且法律性强，吸引广大读者。面对普利策创造的巨大利润，老板高兴地吸收他为正式工，第二年还提升他为编辑。普利策也开始有点积蓄。

通过几年的打工，普利策对报社的运营情况了如指掌。于是他用自己仅有的积蓄买下一间濒临歇业的报馆，开始创办自己的报纸——《圣路易斯邮报快讯报》。

普利策自办报纸后，资本严重不足，但他很快就渡过了难关。19世纪末，美国经济开始迅速发展，很多企业为了加强竞争，不惜投入巨资搞宣传广告。普利策盯着这个焦点，把自己的报纸办成以传递经济信息为主的媒体，加强广告部，承接多种多样的广告。就这样，他利用客户预交的广告费使自己有资金正常出版发行报纸。他的报纸发行量越多广告也越多，他的收入进入良性循环。即使在最初几年，他每年的利润也超过15万美元。没过几年，他成为美国报业的巨头。

普利策初时分文没有，靠打工挣的半薪，然后以节衣缩食省下极有限的钱，一刻不置闲地滚动起来，发挥更大作用，是一位做无本生意而成功的典型。这就是财商高的人"不存款"和"有钱不置半年闲"的体现，是成功经商的诀窍。

美国著名的通用汽车制造公司的高级专家赫特曾说过这样

一段耐人寻味的话："在私人公司里，追求利润并不是主要目的，重要的是把手中的钱如何用活。"

对这个道理，许多善于理财的小公司老板都明白但并没有真正地利用。往往一到公司略有盈余，他们便开始胆怯，不敢再像创业那样敢做敢说，总怕到手的钱因投资失败又飞了，赶快存到银行，以备应急之用。虽然确保资金的安全乃是人们心中合理的想法，但是在当今飞速发展、竞争激烈的经济形势下，钱应该用来扩大投资，使钱变成"活"钱，来获得更高的利益。这些钱完全可以用来购置房产铺面，以增加自己的固定资产，到10年以后回头再看，会感觉到比存银行要增很多利，你才会明白"活"钱的威力。

商业是不断增值的过程，所以要让钱不停地滚动起来，财商高的人的经营原则是：没有的时候就借，等你有钱了就可以还了，不敢借钱是永远不会发财的。攒钱只会让人变得越来越贫穷，因为连他的思维也贫穷了；赚钱会让人富有起来，因为这才是高财商思维。

有句话说："人往高处走，水往低处流。"还有句话说："花钱如流水。"金钱确实流动如水。它永远在不停地运动周转流通，在这个过程中，财富就产生了。像过去那些土财主一样，把银子装在坛子里埋在房基下面，过一万年还是只有这么多银子，丝毫也没有增值。

财商低的人急功近利，财商高的人踏踏实实

财商低的人爱做富翁梦，他们常常梦想有朝一日上帝会赐福与他们，天上掉下个金块，让他们一夜致富。财商高的人认为，财富的增长与生命的成长一样，均是点点滴滴、日日月月、岁岁年年在复利的作用下形成的，不可能一步登天而快速地成

长，这是个自然的定律，上天从不改其自然的法则。

投资理财是个人的长期项目，由理财所创造的财富会超出你的想象，但所需的时间会更长久，对于要在一夜之间成为百万、千万甚至亿万富翁的人，财商高的人给你的忠告是投资理财不适于你。因为，投资理财是件"慢工出细活，欲速则不达"的事。强调的是时间，如果对时间没有正确的认识，自然会产生出强烈的急躁情绪，急躁就会冒很大的风险，原本是可以成功的，也会因急躁而失败。与此同时，只要耐得住性子，将资产投资在正确的投资标上，不需要操作和操心，复利自然会引领财富的增长。

一、理财致富有耐心

（一）培养良好的心理承受能力

在我们现实生活中，小孩子都爱看童话故事，而大人们则青睐于一夜发财致富的神话。前者喜爱的原因是因为一个不起眼的小女孩，能够顿时飞上枝头变成凤凰。后者喜欢的原因是一位平凡的人，能够因为某个机会，立刻赚得大钱，这是多么振奋人心，多么引人入胜，多么令众人羡慕不已的传奇故事啊！因此，正如拍电影为追求戏剧效果、吸引观众，而必须放弃冗长无聊的细节，将一个白手起家的人或一家企业的成功，全归功于一两次重大的突破，把一切的成就全归功于少数几次的财运。戏剧的手法就把漫长的财富累积过程完全忽略了。但是电影归电影，现实生活中不可能有那么肤浅而富戏剧性的事情。

财商低的人总是好高骛远，看不起小钱，总希望能找出制胜的突破口，一鸣惊人，一口吃成一个大胖子，一出击就能有惊天动地的结果产生。但以历史的眼光看问题，绝大多数的财商高的人，其巨大的财富都是由小钱经过长时间逐步累积起来的，初期大部分人所拥有的本钱都是很少的，甚至微不足道的。一个人想成功致富，首先必须从心理上摒弃那种"一夜发财致富"的幼稚想法，这才是投资理财的正常、健康的心理状态，只有具备了健康的心理，才可能成功。

有一位白手起家、靠投资股票理财致富的人曾说过："现在已经不同了，股票涨一下就能进账数百万元，赚钱突然间变得很容易了，挡都挡不住；回想 30 年前刚进股市的那段日子，我费了千辛万苦才赚两万多元，真不知道那时候的钱都跑到哪里去了。"

这种经历对许多千辛万苦白手起家的人而言并不陌生。所谓万事开头难，初期奋斗，钱自然很难赚，等到成功之后，财源滚滚时，又不知道为什么赚钱变得那么容易了，这是一种奇怪的对比现象。

每个人都渴望有轻轻松松地赚第二个 100 万、1000 万的能耐，达到财源滚滚的境界，问题是要赚第二个 100 万之前要先有第一个 100 万。怎样才能赚到第一个 100 万呢？这是个特别关键的问题。如果你想利用投资理财累积 100 万的话，则需要时间，必须要经历长时间的煎熬，熬得过赚第一个 100 万的艰难岁月，这样才能够享受赚第二个 100 万的轻松愉快。

从复利的公式可以看出，要让复利发挥效果，时间是不可或缺的要素。长期的耐心等待是投资理财的先决条件。尤其理财要想致富，所需的耐心不是等待几个月或几年就可以的，而是至少要等 20、30 年，甚至 40、50 年。

对我们每个人来说，理财是终生的事业。

能有耐心熬得过长期的等待，时间创造财富的能力就愈来愈大，这就是"复利"的特点。然而今天我们身处事事求快的"速食"时代，事事强调速度与效率，吃饭上快餐厅，寄信用特快专递，开车上高速公路，学习上速成班，人们也随之变得愈来愈急功近利，没有耐性，在投资理财上也显得急不可耐，想要立竿见影。但是，我们要知道，在其他事情上求快或许能有效果，唯有投资理财快不得，因为时间是理财必需的条件，愈求快，愈不能达到目的。

根据观察，一般的投资者最容易犯的毛病是"半途而废"。遇上空头时期极易心灰意懒，甚至干脆卖掉股票、房地产，从此远离股市、房地产市场，殊不知缺乏耐心与毅力，是很难有所成就的。

（二）克服理财盲从的心态

个人理财应有自己的主见，应根据自己对投资领域的分析与把握确定自己的目标。因此，由他人来确定投资预期和目标是不科学的，跟在别人后面制定自己的奋斗目标，并由别人的处事方式决定自己的行动，是更不可取的。

在投资领域里，包括立体与平面媒体从每天的许多时段、每周与每天的计分卡记录了各个基金、股票的涨跌与排行榜。这里面包括偏颇、各种不同的评论，内部消息也不断地、有计划地出现，并强烈地影响投资者的投资态度与行为。

这些预测性的信息并非完全是科学的，因此，投资者应把握投资信息，避免因此而受害。

投资涉及许多普遍存在的数据，包括事实、比率、趋势和预测。从理论上讲，根据这么多严密的登记，通过大量的数据分类、分析与整理，应该可以从中找出一种投资方向。

但是，在实际的投资理财过程中，现实的状况总与数据分析的结果有较大的出入。因此，投资者在进行投资过程中，不可过于轻信数据分析的结果，应注重与实际情况和历史作一番综合分析，从中得出正确的结论。

（三）克服完美主义的心态

在理财生涯中，试图做一个完美主义者是缺乏成效的，唯有通过学习才能让自己能够清楚地理解、识别并克服完美主义的倾向，从而更成功地积累财富、保持财富。

克服完美主义心理陷阱，可以采用以下方法：

1. 掌握投资方法，不要因为有太多的资讯需要掌握和吸收而无所适从，应尽可能地利用那些便于掌握的资讯，形成一种最适合自己的投资方法，坚持按这种方法进行操作，实施自己的战略。要用自己掌握的投资方法，不过分介意他人的看法。

2. 进行适当的资产配置，在不考虑专门追求市场表现最佳的单一品种情况下，投资市场存在某种理想的资产组合，但它只有在事后才能知道。财商高的人主张不论投资者的年龄大小，为了降低投资风险，都应当持有部分股份和共同基金。

3. 顺从事实，完美主义会使投资者失去理智而陷入困境，所以我们要学会顺从那些无法回避的事实——要知道，我们不可能从很多个项目中选择最好的基金或最好的股票，也不可能在最好的价位中进出市场。要满足于好的股势，力求获得高于平均水准的效果，同时利用常识来避免买进劣质股。

投资者在投资生活中难免发生一些错误，虽然人人都喜欢这样，但这却是事实，所以作为一名理财者，不能过分的强调完美无缺。

21世纪里，理财者的未来生活会受到国内与国际的外在环境影响，在未来的岁月里，经济和市场就像永不停息的车轮，但无论怎样的转动和变化，只要人们拥有成熟的心态，良好的耐心，面对瞬息变化的环境，正确决策、合理安排，每个人都能成为理财高手。

二、耐心成就 1000 万的梦

在当今社会，像西方的比尔·盖茨、东方的李嘉诚等财商高的人，他们每个人都有一段积聚财富的历程，或许他们每个人都不一样，但却也有着类似的经历，都是从小做到大，财富是一点一滴积聚起来，才造就了今天的成就。

我们就来说说李嘉诚是怎样积聚财富的，在他的心中，按部就班、大冒险两者都可以让自己获得收益，使自己的财富不断地增加。

1945年香港光复，他结束了打零工的生涯，在一家塑料厂当推销员。每天工作10个小时以上，3年之后，20岁那年他提拔为总经理，两年后他把所有的积蓄 7000 元的港币拿出来创业，建立了一家小型的塑胶厂，名叫"长江实业公司"，他在这里有了一点小小的积蓄。1958 年，长江厂房的房东提高租金，于是他在北角买了一块地，自盖厂房。60 年代，塑胶花业不景气，而香港的房价暴跌。李嘉诚看准了这一机会，大肆的低价收购土地，从此，他走了房地产的行业，自己的积累渐渐地增多。于是，他在房地产中露出了头角。

两大屋村预算耗资 110 亿港元，又一次轰动港九。《信报》称："惟超人才有如此大手笔。"

茶果岭屋村定名为丽港城，占地 8.7 公顷，为高级住宅区，有专为住户设立的私人俱乐部。屋村计 38 幢 25 至 28 层住宅楼宇，单位面积 640 至 920 平方英尺，共 8072 个单位，总楼面积 620 万平方英尺，附设 16.1 万平方英尺商厦，总投资 45 亿港元。

鸭月利洲屋村定名为海怡半岛，占地 15 公顷，兴建 38 幢 28 至 40 层住宅楼宇，单位面积 600 至 1100 平方英尺，共 10450 个单位，总楼面 787 万平方英尺，超过黄埔花园。附设 31.2 万平方英尺商厦、网球场、俱乐部、游泳池等。总投资 65 亿港元。

长实估计，以 1988 年同类楼宇的时价每平方英尺 1000 港元计，两大屋村可获纯利 50 亿港元。1990 年 5 月，丽港城首期发售，每平方英尺售价 1700 港元，用户及炒家争相抢购，异常激烈。

到 1993 年，丽港城每平方英尺售价已达 4300 港元，海怡半岛则为 3300 至 3500 港元之间，均大大超出预计售价。若加上建筑成本及售房成本上涨等因素，两大屋村全部竣工盈利，远远突破 100 亿。

人们在称道"超人"过人的胆识与气魄之时，无不惊叹他锲而不舍的忍耐心。

李嘉诚是名副其实的"十年磨一剑"。

成大事者，很多时候不可操之过急，而要有足够的耐心等待机会和创造机会。这就是李嘉诚给我们的启迪。

此外，红勘鹤园同样体现出李嘉诚的深邃眼光。

1979 年，李嘉诚收购英资青洲英泥，就看好该公司在红勘海旁的 80 万平方英尺土地。

当时，传媒捅破了李嘉诚的"醉翁之意"："首先，被收购之公司可提供合理的经常性利润；第二，被收购公司的大量平价土地可供日后发展；第三，若重估或出售该平价土地可获庞大利润。"

1983 年 4 月 8 日，长实与青洲英泥发表联合声明：长实发行 2458 万新股（相当于 2.27 亿港元）予青洲英泥。

李嘉诚在 14 个月内以私人名义购入新股，以获得鹤园地皮及红勘的有关物业。

李嘉诚在这块地皮推出高级住宅红勘鹤园。

红锄鹤园是九龙新发展的繁华区域，楼价在 20 世纪 90 年代高攀到 4000 至 6000 港元一平方英尺。李嘉诚赚得盘满钵溢。

这几个屋村都是收获在八九十年代，但都构想自 70 年代，也就是李嘉诚的第一桶金快要装满之时。在此，我们清楚地看到了李嘉诚的远见卓识。

在当时的经济平稳发展时，谁也没有料想到股市的突发，这与当时的整个大环境有着紧密的联系。而这时的李嘉诚预计到股市将会崩溃，但不可能在年前，他非常稳步地于 1987 年 9 月 14 日宣布了长实系四家公司——长实、和黄、嘉宏、港灯集资 103 亿港元，是香港证券史上最大的一次集资行动。在 10 月 19 日，美国华尔街股市狂泻 508 点，香港股市应声滑落，暴跌了 420 多点，而他靠自己准确而敏感的预测躲过了这场股市的浩劫。

股灾之后，必有两三年的低迷状态，而那次股灾竟恢复得如此之快，年底，股市又开始回升上去。到 1988 年 4 月 14 日，恒指收市报 2689 点，已接近 1987 年初的水平，李嘉诚在一年的限期内，以配股方式将增购的股票出售，未蚀本，仍有小赚。对李嘉诚来说，小赚便意味着是几千万港元，实现了他的财富又一次增长。

幸运之神，又一次眷顾李嘉诚。

1997 年 10 月 31 日，香港联交所宣布，在本周一与周二两天股市大跌期间，香港有 44 家有实力的公司，从股市回购大量公司股票，积极参与"救市"。其中，长实主席李嘉诚在股灾期间购入 1300 万股长实股份，增持行动对长实股价有正面影响。

李嘉诚集团的主席办公室证实李氏个人购入约 0.5％长实股份，使其持股量增至 34％，并已向联交申报。

李嘉诚购入该批股份价格未见透露，但过去 10 个交易日内，长实的股价已由每股 76 港元下跌到最低的 44 港元，跌幅达四成。若据前天收市价，李嘉诚购入的股价市值为 7.18 亿港元，为众多股东回购金额之最。

被称为香港超人的李嘉诚，以往都是在大市跌到股民都绝望时才出手救市。29 日，他对记者说："每次经济动荡，我都会动用私人名义买公司股份。"股份接近 35％全面收购的触发点。所以当问他是否有买其他公司股票时，他三缄其口，只说："我当然先买自己公司的。"

大盘崩溃，股市下挫。在低点回购股票，是惯常的游戏法则，关键是要稳。

李嘉诚能成为今天的财富巨头，是多么的不容易。从一个小小的花商做到今天的大富翁，回顾他走过的历程，会发现他的行为轨迹，曾与平凡人一样，但他还拥有许多凡人不可能拥有的东西。

开办塑胶花生产厂，获得他人生的第一桶金。

积累了人生第一笔财富，然后又走向房地产业，走向房地产业的行头老大，接着他全方位在香港和海外股市集资，为长江实业公司的拓展提供了厚实的资金基础。

将公司上市，是壮大自身实力的一条快捷而有效的途径。

立志赶超置地的李嘉诚，及时跻身股市。

后来的事实证明，李嘉诚在股市里比他办实业更具天赋。

李嘉诚找到了发挥专长的最佳舞台。

海外上市，更使李嘉诚天高任鸟飞，海阔凭鱼跃。

长江上市，是李嘉诚事业的一次大飞跃，上市之后，他稳扎稳打，步步为营，实现了他财富的一次又一次的飞跃。

如果一个人从现在开始将每年年底存的 14000 元，都投资到股票或房地产，获得每年平均 20% 的投资报酬率，我们已知道，40 年后财富会成长为 1 亿零 281 万元，现在试问：10 年后，他能累积多少财富？大部分人认为报酬这么高，只是时间短了些，经过复利 10 年的作用，少说也应该有 500 万元，甚至有人猜 1000 万，最保守的人则猜 100 万。事实上，这又是一个令人惊奇的答案：36 万元！下列的计算公式读者应该已经不陌生，只是会惊讶钱竟然那么少。

$$1.4 \text{万} \times \frac{(1+20\%)^{10}-1}{20\%} = 36 \text{万}$$

$$1.4 \text{万} \times \frac{(1+20\%)^{40}-1}{20\%} = 10281 \text{万}$$

同样在报酬率 20% 下，每年投资 14000 元，经过 40 年的理财结果是 1 亿零 281 万元；而经过 10 年却只累积 36 万，令人不敢置信！两者相差三百余倍！

幸好向读者提出这个观念，否则若有读者利用本书所提的方法，每年存下 14000 元，将其全数投资股票，心想如此便能成为亿万富翁。哪知经过长达 10 年的奋斗，所投资的股票每年亦平均有 20% 的报酬率，结果屈指一算，财富才累积 36 万！届时可能认为被骗了，否则照着书中的方法，熬了漫长的 10 年，何以连一辆豪车都买不起，更遑论亿万富翁了！

10 年是多久？10 年是 8 年抗战加 2 年，经过了 10 年的奋斗，才只有三十余万，怎不叫人心灰意冷呢？这正是投资理财致富过程中必然遭遇的无奈。理财者必须了解理财活动是"马拉松竞赛"而非"百米冲刺"，比的是耐力而不只是爆发力。

投资理财要想致富，其先决条件就是时间，而且是漫长的时间。你必须经过一段非常漫长的等待，才可以看出结果。如果投入的资金很少的话，经过了10年是看不出成果的。

同时，我们也会发现赚第二个1000万比第一个100万要容易得多。

每年年底存14000元，平均投资报酬率有20%，即使经过了20年后，资产也只累积261万元，此时仍然是个地道的无壳蜗牛族，距离亿万仍相当遥远，要到30年后才能累积到1650万，勉强攀上千万级的富翁。只有继续奋斗到40年后，才能登上亿万富翁，拥有1亿零281万元。

由下表我们可以看出：每年存14000元，投资报酬率20%，第一个10年财富增加了36万；第二个10年财富增加了225万；第三个10年财富增加了1394万；第四个10年财富增加了8626万。这就是几何级数的特色，也是从事投资理财的人所应该了解的道理。因此，这里可以归纳出投资理财的3个重要特征：

每年年底投资14000元的财富累积情形表（报酬率10%、单位：万元）

期限（年）	年底累积金额	最后5年增加的金额
5	10	10
10	36	26
15	101	65
20	261	160
25	661	400
30	1655	994
35	4128	2473
40	12810	6153

1. 赚第二个 1500 万元往往比第一个 100 万要容易。

2. 绝大多数的财富都是后期创造的。从上例，我们可以看出初期的 35 年间只累积了 4128 万，而最后的 5 年便创造了 6153 万。

3. 从金额来看，你的理财赚钱能力与时俱增。由上表可以看出，做同样的事，用钱赚钱的金额越来越高，唯一需要的只是耐心而已。

财商高的人的投资方式与财商低的人不一样

从以上章节中，我们体会到人人都能做投资者，让自己的财富得到增长。在变化莫测的市场中，我们要让金钱流动起来，那么怎样才能让金钱流动呢？

罗伯特曾谈到，在赶赴中国的时候途经日本，富爸爸问他是否愿意参加那次会议，在上一年 10 月刚刚发生的股市动荡，引起了很多人巨大的恐慌，不少人停止向自己的缴费确定型退休金计划继续注入资金。

"难道你没有意识到投资是何等重要吗？"在走出宾馆会议室的时候，罗伯特问富爸爸。刚才，富爸爸在那里主持召开了一个会议，参会者大约有 125 人，包括他的主要管理团队以及高层雇员。

富爸爸说："我已经尽我所能去说服他们，不过也只能到此为止。我们现在采用的 101（k）计划的确大有好处，但是，很多员工自己不愿投入资金，只有一些人投入了少量资金，甚至连一些管理层员工也停止投入资金。我不知道，他们退休之后究竟想依靠什么生活？"

"我请来了基金管理公司的代表，让她再次向员工解释他们的 101（k）计划如何运作。但是，对于自身业务上的顾虑妨碍了这位投资顾问向员工们提出明确的投资建议。她只是解释了这个计划，却并没有进一步阐释更多的细节。因此，这次会议并没有打消员工们心存的顾虑，他们不知道该投资什么。为什么这个《雇员退休收入保障法案》不让实施这个计划的人向员工提供更多具体的投资建议呢?"富爸爸反问道。

"不知道,"罗伯特回答说,"这么多年以来,我一直不能理解,为什么财务顾问只是在提供计划,而不愿给出更多具体建议。现在,我明白了,原因就在于潜在的信用负债。"

"至少他还告诉过员工们,我是一位慷慨的老板,因为罗伯特愿意支付与员工投入相当的资金。很多企业老板根本不会投入任何基金,一些人也只是投入 50%。然而,即便我愿意慷慨行事,也仅有少量员工在退休金计划中投入了资金。"富爸爸说。

"即便员工们没有接受多少投资建议,难道他们也没有意识到你对他们退休金的投入将会是免税的吗?"罗伯特问,"他们所要做的也就是投入免税的资金。"

"他们听说过这些说法,"富爸爸回答说,"这样的话我已经讲了好多年,但是看起来没有多少效果。我甚至告诉他们,参与这项退休金计划的人,实际上比没有参与的人赚到了更多钱,即便如此,也还是没有带来任何改变。紧接着,在股市危机之后,一些原来参与那项退休金计划的人,也停止了继续注入资金。因此,我只好请来基金公司的代表,向员工们宣讲这个道理。我希望情况能好转一些。"

在返回富爸爸办公室的路上,他们一直在讨论这个问题,他的办公室就位于刚刚开会的宾馆南边。罗伯特再次向富爸爸问及一个问题:"难道他们没有意识到投资的重要性吗?"

"我想可能是这样。"富爸爸回答说。

"那么,他们到底为什么不愿意投资呢?"罗伯特继续追问。

说这些话的时候,他们已经来到了财商高的人的办公室。他坐在桌子前面,习惯性地拿出了黄色的便签,写下了一些词语:

财商高的人

中产阶层

财商低的人

这表明了不同的阶层，投资的项目也不同，富爸爸说："财商低的人常常有一个庞大的家庭，他们相信孩子将会照顾自己的晚年生活，他们还指望着得到一些政府资助项目，比如社会保险、福利和医疗保险的帮助。"

"对于财商低的人而言，所谓的投资就是投资自己的孩子，是吗？"罗伯特有点怀疑。

富爸爸点点头，他说："这是一种直白简单的说法，但是，的确有其合理之处。他们虽然没有明确说明，不过他们确实希望孩子在他们自己离开工作岗位退休之后，能够照顾自己的生活。"

"中产阶层的投资就是投资良好的教育，因此，他们可以找到一份高薪职位。"罗伯特看着富爸爸开列的内容，接着说道，"对于他们来说，这就是一种投资，是吗？"

"对。"富爸爸微笑着说道，"你们家难道不就是这样吗？对你父母来说，你拥有一个大学学位，拥有一份像医生、律师这样的职业，或者拥有副总经理、总经理这样的职位，难道这不是相当重要吗？"

罗伯特点了点头，回答说："在我们家里，教育非常重要。我妈妈的确希望我将来能成为一位医生，而我爸爸总是想让我上法学院。"

富爸爸轻轻地笑了，他接着说："他们难道不是一直劝你购置一座房子，参与一项退休金计划吗？事实上，你不是也曾经告诉过我，你爸爸想让你继续待在海军陆战队，因为那里的退休金计划和福利要好得多吗？"

罗伯特又一次点了点头，回答说："不过，财商低的人难道不是在想着同样的事情吗？至少在工作上是这样的。"

"他们或许梦想得到一份高薪职位，不过，梦想终归是梦想，现实终归是现实。如果你留意，会发现我的很多低薪员工总是在不断变换工作，因为如果不是过分要求高薪，重新找份工作实在是很容易。因此，他们或许梦想找到一份高薪职位，但是事实上，如果他们没有接受过良好的教育，不具备一些技能，就不可能找到高薪工作。"

"因而，他们将大部分钱用来维持生存，为孩子提供衣食，这也就是他们的投资。"

富爸爸点点头，用铅笔轻轻指着财商低的人的投资说："现在，我的那些接受了大学教育的经理们已经完全不是这样了，"接着，他又将铅笔指向了中产阶层的投资，说道："作为雇员，他们一般待的时间会长久一些，因为他们明白，如果自己离开，就不得不重新从零开始。因此，他们注重职位和资历，而且明白另找一份薪水更高的工作也要花费力气。所以，他们将更多时间投资到接受良好教育、高薪、工作安稳、晋升、头衔这类东西上面。这些东西对于中产阶层来说，最为重要。人人都在投资，只是投资的方式不同而已，人们总是将时间和金钱投入到自己认为最为重要的事情上面。"

然后他又接着说，如果你想成为一个财商高的人，就需要向所有三类人都进行投资，也就是说，如果想成为一个财商高的人，你的投资就应该远远超过其他两类人。所以，富爸爸极力鼓励罗伯特投资财商低的人的投资项目、中产阶层以及财商高的人的所有投资项目。

这场关于投资的讨论引起了罗伯特的共鸣，就在富爸爸准备结束这个话题之前，罗伯特忍不住说："你非常富有，因此有时间与家人在一起。不过，我爸爸常常为了公务出差，好几天回不了家。他说，如果想得到加薪和晋升，如果想购买餐桌上的食物和更大的房子，就需要四处奔走。"

"我知道，"富爸爸说，"很多人为了加薪、晋升，或者为了看起来富有而购置大房子。正如我所说的，人们总是投资自己认为重要的东西。不过，在我看来，上面这些举动却并非是投资，而是在财务和家庭上的自杀行为。现在，有多少父母没有时间与孩子待在一起？如果我没有花这么多时间教你关于企业和投资的事情，你今天会在哪里？可是，你爸爸没有时间，他过于忙于工作，为的是支付购置大房子的开支。"

作为个人，我们只会投资自己认为重要的投资，在《富爸爸，穷爸爸》系列中，可以看出富爸爸与穷爸爸的区别，穷爸爸说房子是他最大的投资，也就是说，对他而言，房子比股市的投资组合和房地产更为重要。因此，他的大学学位和工作职位头衔也比学习投资更重要。富爸爸把时间和金钱投入到自己认为重要的东西上面，穷爸爸也一样，但在最后发现，自己原来认为重要的东西，其实并不是一项资产，而是一项沉重的负债。我们要投资于那些能给予自己切实的帮助，在真实的世界里得到一定回报的项目。不管是单身贵族、小两口、老两口，还是不同的职业，都要学会投资，人人都做投资者。

第五章

果断地抓住创富的机遇

第九课　机遇创造亿万富翁，机遇其实也是创造出来的

机遇是产生金钱的"酶"

机遇是产生金钱的重要因素，任何人都会遇到，只不过有的人多一些，有的人少一些，有的人不断获取，有的人却逐渐失去。"机不可失，失不再来"。当你懂得打开机遇大门时，你就找到了致富的"酶"。

丹皮尔从哈佛大学毕业后，进入一家企业做财务工作，尽管赚钱很多，但丹皮尔很少有成就感，经常被沮丧的情绪笼罩着。他不喜欢枯燥、单调、乏味的财务工作，他真正的兴趣在于投资，做投资基金的经理人。

丹皮尔为了消除自己的沮丧情绪，就出去旅行。在飞机上，丹皮尔与邻座的一位先生攀谈起来，由于邻座的先生手中正拿着一本有关投资基金方面的书，双方很自然地就转入了有关投资的话题。丹皮尔特别开心，总算可以痛快地谈论自己感兴趣的投资，因此就把自己的观念，以及现在的职业与理想都告诉了这位先生。这位先生静静地听着丹皮尔滔滔不绝的谈话，时间过得很快，飞机很快到达了目的地。临分手的时候，这位先生给了丹皮尔一张名片，并告诉丹皮尔，他欢迎丹皮尔随时给他打电话。这位先生从外表来看，是一名普通的中年人，因此丹皮尔没有在意，就继续自己的旅程。回到家里，丹皮尔整理

物品的时候，发现了那张名片，仔细一看，丹皮尔大吃一惊，飞机上邻座的先生居然是著名的投资基金管理人！自己居然与著名的投资基金管理人谈了两个小时的话，并留下了良好的印象。丹皮尔毫不犹豫，马上提上行李，飞到纽约。一年之后，丹皮尔成为一名投资基金的新秀。

如果没有在飞机上的这次机遇，丹皮尔也许还要在那家企业的财务岗位上继续待下去。机遇为丹皮尔带来了财运。

机遇往往在瞬间就决定了人生和事业的命运，抓住了机遇，就彻底地改变了自己的命运、前途。机遇，是瞬间的命运。

"你们都付出了同样的努力，但是有人成功了，有人却失败了，原因何在呢？在商业活动中，时机的把握甚至完全可以决定你是否有所建树，抓住每一个致富的机遇，哪怕那种机遇只有1％实现的可能性，只要你抓住了它，就意味着你的事业已经成功了一半。"

卡耐基的话明确道出了为何有人失败，有人成功的原因。机遇，是一个多么重要的东西，它对于每一个人都是平等的，关键就在于你能不能够牢牢地将它握在手中，成为你财缘的指南针。

每个成功者的背后都有许多条交错往复的道路，而机遇就像是在每条道口旁的路标，指引着善于把握时机者踏入成功之途，而抛弃无所用心者于迷茫之中。

有人说："机遇是上帝的别名。"那么，机遇究竟是什么呢？其实机遇是一种有利的环境因素，让有限的资源发挥无穷的作用，借此更有效地创造利益。具体地说，机遇就是指在特定的时空下，各方面因素配合恰当，产生有利的条件。谁能最先利用这些有利条件，运用手上的人力、物力，从事投资，谁就能更快、更容易地获得更大的成功，赚取更多的财富。

机遇之所以成为社会主体成功与发展的因素，有一种理论是这样解释的：任何系统的演化一方面取决于系统内部运动，同时必然受到环境的影响和制约，系统能不能达到目的，是系统与环境相互作用的结果。同样或类似系统在不同环境中会形成截然不同的演化方向，有的达到目的，有的没有达到目的，一个特别有利于达到目的的环境对于该系统来说，就是系统优化的一个机遇。

首先要善于发现和抓住机遇。所谓"谋事在人，成事在天"，说的是事业成功取决于两方面的因素，一是主观努力，二是客观机遇。因此，一个成功企业家必须具备的重要素质就是"是否善于发现和抓住机遇"。机遇是产生金钱的"酶"，只要你能抓住那稍纵即逝的机遇，你就相当于抓住了金钱。

机遇只会降临到有准备的人身上

认真工作的人绝不会抱怨没时间或没机遇，只有整天无所事事的人才会怨天尤人。有些年轻人因为掌握机遇、利用机遇，所以一生受益；但也有些人随意放弃各种机遇。我们每天所遇见的人、遭遇的事都会增加我们的经验。机遇的存在源于努力，如果一个人能认真看待自己的生活，那么财富机遇就会顺势而来。

有一位亿万富翁曾这样评价自己人生道路的：

在 20 岁前，事业的成果 100％要靠自己的双手，靠自己的勤劳获得。

20—30 岁，事业有些小基础，那 10 年的成功，10％靠运气好，90％仍是要靠自己的勤劳获得。

一个人在他 30 岁之前，选择什么，做些什么，几乎决定着他一生的成败。所以，30 岁之前，是一个人一生的基础，也是决定他是一个穷人还是一个富人的关键阶段。

真正成为富人的人都知道这样一个道理，那就是机遇只会降临到有准备的人身上，如果你时刻都梦想着机遇来临，不做任何小事，只在为成就大事而准备，那么即使机遇来临了，你也抓不住。只有不放过任何小事，认真地做好准备工作，机遇才能被抓住，被利用。

阿穆耳肥料工厂的厂长约翰逊之所以由一个速记员而爬升上来，便是因为他能做"分内之外"的工作。他最初是在一个懒惰的秘书手底下做事，那秘书总是把事推到手下职员的身上。他觉得约翰逊是一个可以任意支使的人，某次便叫他编一本阿穆耳先生前往欧洲时用的密码电报书。那个秘书的懒惰，使约翰逊有做事的机会。

约翰逊不像一般人编电报一样，随意简单地编几张纸，而是编成一本小小的书，用打字机很清楚地打出来，然后好好地用胶装订着。做好之后，那秘书便交给阿穆耳先生。

"这大概不是你做的。"阿穆耳先生问。

"不……是……"那秘书战栗地回答。

"你叫他到我这里来。"

约翰逊到办公室来了，阿穆耳说："小伙子，你怎么把我的电报密码做成这样子的呢？"

"我想这样你用起来方便些。"

过了几天之后，约翰逊便坐在前面办公室的一张写字台前；再过些时候，他便代替以前那个上司的职位了。

正是因为时刻认真地为工作而准备，才使约翰逊获得了这样的机会。

也许在 100 万个机遇中，只有少数几个能够与我们不期而遇；但只要我们肯行动，就算机遇再少也能创造极佳的成果。

缺少机遇常是软弱与迟疑者常用的借口。每个人的生命中都充满了机遇：学校中的每一堂课都是一次机遇，每次考试都是生命中的一次机遇，每次患病都是一次机遇，报纸上的每篇文章都是一个机遇，每个客户都是一个机遇，每次交谈都是一个机遇，每笔生意往来都是一个机遇——我们有机会变得有教养，有机会变得有担当，有机会变得诚实无欺，有机会结交朋友。每次自信的表现都是机遇到来的最好时机。每次以我们的力量和信誉所承担的责任都是无价的。

"每个人的一生，至少都有一次受到幸运之神垂青的机遇。"一位天主教的主教说，"一旦幸运之神从大门进来后，发现没人迎接，她就会转身从窗子离去。"

每一天都在做准备，每一天做的事情都是在为将来做准备，当一个人做了充分准备，机会来临时就是他的，如果他没有做好准备，不管任何机会都不是他的。

法国大革命时期，拿破仑奉命率军远征意大利，但要征服意大利就必须翻越难以逾越的阿尔卑斯山。"从这条路走过去可能吗？"拿破仑问那些被称之为死亡之路的工程技术探测人员。"也许吧。"回答是不敢肯定的，"它在可能的边缘上。""那么，前进！"小个子的统帅不理会工程人员讲的困难，下了决心。

出发前，所有的士兵和装备都经过严格细心的检查。破的鞋、穿洞的衣服、坏了的武器，都马上修补或更换。一切就绪，然后部队才前进。统帅的精神鼓舞着战士们。

战士皮带的闪光，出现在阿尔卑斯山高高的陡壁上，出现在高山的云雾中。每当军队遇到特殊困难的时候，雄壮的冲锋号就会响彻群山之巅。尽管在这危险的攀登中到处充满了障碍，致使队伍延长到 30 千米，但是他们一点不乱，也没有一个人掉队！4 天之后，这支部队就突然出现在意大利平原上了。

对重大的机遇你做好准备了吗？除非你做好准备，否则，机遇只会使你显得可笑。

要想秋天有收成，必须在春天就播种。同样，想获得机会，高财商的人也总是事先努力付出，包括自己的时间、收入、安逸生活和享受，等等，随时全神贯注地做好准备，一旦机会出现，便伸手将它抓住。

做好了准备，机会来了，就可以伸手抓住。如果没有准备，再好的机会也没有用，因为你无法把握它。牢记未雨绸缪才是良策。

亿万富翁是机遇创造的

中国有句古话说得好，"时势造英雄"，把它放在创富这件事依然成立，时势为时代创造出创富的机遇，这些机遇造就了一大批富人。因此可以说，亿万富翁是机遇创造出来的。

人与人之间的穷富本没有距离，却因机遇被利用的程度，而形成了三六九等。

詹姆斯先生本来在波士顿一家百货公司里当打字员，工作辛苦，薪水却不多，一个月才 2000 美元，仅够糊上一家 8 口的嘴巴，不致挨饿。

但不幸的是，詹姆斯却意外地卷入到一桩纠纷之中，失业了，他们一家的生活，现在只有靠他妻子替人家洗衣服来维持了！

有一天，他在教两个大孩子认字，忽然来了一阵风，把桌上的纸吹走了，掉得满地都是，他气恼万分，蹲下身去把纸张逐一捡起来，叠成一叠。他无意中想到，假如用一个小夹子把这些纸夹起来，这样不就不会被风吹走了吗？

这样的夹子，不是没有。可是市面上卖的夹子体积很大，用起来不方便。如果有人能造出一种轻便的夹子把纸张夹住，那是多好的事啊！

有一天晚上，他刚刚用铁线替他太太编好一个篮子，剩下一些零碎、长短不齐的铁线丢在桌子上。他随手拿起一条，无目的地扭弄着，时而扭向东，时而扭向西。

这时，他的岳母在给孩子们讲一个民间故事，最后附上几句格言，深深打动了他的心：

"太阳下的每一灾祸，

必有法子补救，或者没有法子补救。

若有，去寻求补救。

若无，不要有内疚。"

他重复着这句话，想到自己的失业，孩子们的失学，太太的操劳，丈母娘的眼泪，偶然他也想到那个夹文件的小夹子。

忽然，他灵机一动，就把那根小铁线扭成一个回形夹子，把它夹在一叠纸张上，拿起来一看，居然把纸张夹得牢牢的。

他一兴奋，又扭起第二个，扭得更美观些。

再扭第三个，当然又更进一步。不由得令他想到：如何能够把这些铁线夹子扭得更快！更好！

想了好几天，扭了好几十次，他终于想出制造"万字夹"的方法来了。

他和妻子商量好一会，希望他太太能想办法向亲友借来2000美元，试行制造这种万字夹出售。

他的妻子勉为其难地答应了他的要求。几番奔波，才向亲友借来2000美元。他就用这2000美元制成了一架小型的手摇机器，买进了几十磅铁线，开始制造万字夹了。

制好以后，他又亲自拿着万字夹到各文具店推销。因为是新产品，不知道销路如何，所以大多数文具店不肯代销，只有少数商店勉为其难答应代销。

没想到，由于是新产品，而且用起来确实很方便，用的人倒不少。订购万字夹的文具店越来越多了，有不少店主，还亲自跑到贫民区去找他要货。

他，由两个星期销出30千克万字夹，变为一天内就销出300千克万字夹了！

8年后，詹姆斯成为了拥有8家大工厂的万字夹大王！

没有经历失败的痛苦，没有偶然发现"万字夹"的机遇，就没有詹姆斯的成功，正是机遇造就了他这个"万字夹大王"。

机遇即行事的际遇和时机，是客观存在的，但又是稍纵即逝的。它对处于同一条件下的每一个人、每一个单位都是均等的，也是无情的。机遇像一匹飞奔的马，当它奔来时，如能当机立断、跨马扬鞭，就会受益得福。否则，马儿擦身而过，只留下尘埃一片，就将后悔莫及了。

露伊丝打小就酷爱养花弄草。在家乡的小镇上，家家户户房前屋后都种满了花草树木。露伊丝的父亲更是对种养花草一往情深，把自家院落布置得像个大花园。在父亲的影响下，她从小就有一个不大的梦想——开一家属于自己的鲜花店。但是，历史的机遇让她的梦想在她职业高中毕业后拐了一个弯，她走进一家大型国有商场。繁忙的工作并没有把她的梦想淹没，她时常到花市走走看看，还订阅了一些花卉报纸杂志研读。

1997 年，露伊丝所在的商场因经营不善而倒闭，下岗后的她很快找到了另一份工作——在一家私营通讯公司做营销员，并包揽了一个小镇的全部业务。搞营销的经历锻炼了露伊丝经营方面的才能，更增强了她开鲜花店当老板的念头。

两年后，她离开通讯公司，静下心来调查家乡鲜花市场的行情。她发现，当地鲜花店越开越多，竞争非常激烈，如果涉足，风险很大，几乎没有成功的机会。于是，她把眼光转向盆栽的绿叶植物，一番调查后，她得到了与鲜花市场同样的结论。

有没有既美观大方、有品位，又容易养护、生长时间长的花卉品种呢？正当露伊丝为此苦苦思索时，一篇关于瑞士"拉卡粒"无土栽培技术及其他一些关于水培技术和无土栽培花卉的文章深深吸引了她，看着图片上那些生长在透明玻璃瓶里，在五颜六色的营养液里伸展着可爱根部的花卉，露伊丝的心被触动了："这不正是我日夜寻找的东西吗？"

露伊丝认真思考起这种花卉的市场前景。不用土、没有异味、没有污染、不生虫，还能观赏从叶到根植物生长的全过程，正常情况下，半个月左右换一次水就可以了。

现代人生活节奏加快，让人在闲暇之余变得更"懒"了，对越方便的东西越青睐。这就为露伊丝那让人不费劲就能享受到绿叶鲜花的"懒人植物"提供了机遇。

"我何不把它叫做'懒人花卉'呢？"

露伊丝按图索骥，找到了那位研究水培花卉技术的工程师。凭着自己的聪明才智，经过几天的学习，她就掌握了这项少有人问津的新技术。

带着"拉卡粒"、"营养液"和胸有成竹的自信，露伊丝匆匆赶回家乡。在家中，她独自对吊兰、多子斑马等十几个品种进行了两个星期的实验，相当成功。

看准了"懒人花卉"的庞大市场，露伊丝说干就干，在家乡成立了首家"懒人花卉"培育中心。这个中心拥有大型苗圃，采取连锁经营的方式，在花草鱼虫市场、超市和居民小区等人口集中地区开出分店，为人们美化居室提供服务。

"懒人花卉"一亮相，就受到人们的喜爱，顾客蜂拥而至。

露伊丝也取得了巨大的成功。

在机遇的催生下，露伊丝成功了。露伊丝的成功给我们一个重要启示，善于发现机遇并抓住机遇，机遇就会造就你的成功。

亿万富翁做机遇的 CEO

"设计运气，就是设计人生。所以在等待运气的时候，要知道如何策划运气。这就是我，不靠天赐的运气活着，但我靠策划运气发达。"这是美国石油大亨约翰·D. 洛克菲勒的一句话。

1861 年美国南北战争爆发了。

随着战争形势的迅猛发展，为了保证军需用品的供应，华盛顿联邦政府把重点放到东西横向的大量铁路的修建上。不久，大铁路网修建告成，投入使用，它连接了大西洋沿岸的东北部城市和大陆中部的密西西比河谷，这使新兴城市克利夫兰的交通枢纽地位更加突出。

洛克菲勒对这种天时地利的好机会是绝对不会放过的。

"战争，战争。"洛克菲勒兴奋地在办公室里来回踱步，和他往常沉静的模样判若两人。

"战争怎么样呢？莫非你想去打仗？"克拉克不解地问。

"打仗？除非我疯了。"洛克菲勒顿了顿，又说，"咱们要抓紧时机。"

"对，抓紧时机大干一场。连续两年的霜害使许多个州的农作物遭到灾难性的打击，现在战争又开始了，你知道这一切将意味着什么？将意味着食品和日用品的大量短缺，意味着大规模的饥荒。"

洛克菲勒滔滔不绝地说着，这是他第一次像个演说家。金钱在任何时候都是超级兴奋剂，眼下更是如此。

但是他们公司的所有积蓄加到一块儿，也不够买下洛克菲勒想要吃进的那么多货物。然而时间即金钱，战火已在蔓延，物质短缺的现象已经发生。现在，向银行贷款对洛克菲勒来说已经不是难题了，这次他不是贷2000元而是贷2万元。

然而银行一眼看透了洛克菲勒想借战争发财的念头，尽管洛克菲勒有足够的信誉，仍然只给他2000元。

洛克菲勒还想说什么，但银行的汉迪先生挥挥手，让他出去。

2000元就2000元吧，洛克菲勒向汉迪先生鞠了一躬。

他的心思已经全部集中到这一场赌博一般的生意是否能赚钱，银行的贷款是否有能力偿还。

洛克菲勒通过对战争形势的时刻分析，使投机生意做得越来越红火，从中赚取的利润成倍增长，那些从中西部和遥远的加利福尼亚购进的食品甚至连华盛顿联邦政府的需求都不能满足，另外从密歇根套购的盐也因为供求数量的悬殊而大赚特赚。

把握机遇的并非命运之神，而恰恰是我们自己，正如伊壁鸠鲁所说："我们拥有决定事变的主要力量。因此，命运是有可能由自己来掌握的，愿你们人人都成为自己幸运的建筑师。"

有些人，由于平时没有养成利用机遇、挑战机遇的精神，当机遇忽然来临时，反而心生犹豫，不知该不该接受。于是，在患得患失之际，机遇擦肩而过，悔之晚矣。因此，在平时就应养成利用机遇、挑战机遇的精神。比如，若有在众人面前表现或发表意见的机遇，就应尽量利用，一方面克服心理障碍，一方面训练自己的胆识。

一个不善利用机遇的人，就好像茫茫大海中一只没有航向漂流的小船一样，一旦没有了顺风的吹动，它将永远盲目地在海上独行，如果遇到了暗礁，会立刻撞得粉身碎骨。

拉菲尔·杜德拉，委内瑞拉人，他是石油业及航运界知名的大企业家。他以善于"创造机会"而著称。他正是凭借这种不断找到好机会进行投资而发迹的。在不到 20 年的时间里，他就建立了投资额达 10 亿美元的事业。

在 20 世纪 60 年代中期，杜德拉在委内瑞拉的首都拥有一家玻璃制造公司。可是，他并不满足于干这个行当，他学过石油工程，他认为石油业是个赚大钱且更能施展自己才干的行业，他一心想跻身于石油界。

有一天，他从朋友那里得到一则信息，说是阿根廷打算从国际市场上采购价值 2000 万美元的丁烷气。得此信息，他充满了希望，认为跻身于石油界的良机已到，于是立即前往阿根廷活动，想争取到这笔合同。

去后，他才知道早已有英国石油公司和壳牌石油公司两个老牌大企业在频繁活动。无疑，这本来已是十分难以对付的竞争对手，更何况自己对经营石油业并不熟悉，资本又并不雄厚，要成交这笔生意难度很大。然而，他没有就此罢休，而是采取迂回战术。

一天，他从一个朋友处了解到阿根廷的牛肉过剩，急于找门路出口外销。他灵机一动，感到幸运之神到来了，这等于给他提供了同英国石油公司及壳牌公司同等竞争的机会，对此他充满了必胜的信心。

他旋即去找阿根廷政府。当时他虽然还没有掌握丁烷气，但他确信自己能够弄到，他对阿根廷政府说："如果你们向我买2000万美元的丁烷气，我便买2000万美元的牛肉。"当时，阿根廷政府想赶紧把牛肉推销出去，便把购买丁烷气的投标给了杜德拉，他终于战胜了两个强大的竞争对手。

投标争取到后，他立即加紧筹办丁烷气。他随即飞往西班牙。当时西班牙有一家大船厂，由于缺少订货而濒临倒闭。西班牙政府对这家船厂的命运十分关注，想挽救这家船厂。

这一则消息对杜德拉来说，又是一个可以把握的好机会。他便去找西班牙政府商谈，杜德拉说："假如你们向我买2000万美元的牛肉，我便向你们的船厂订制一艘价值2000万美元的超级油轮。"西班牙政府官员对此求之不得，当即拍板成交，马上通过西班牙驻阿根廷使馆，与阿根廷政府联络，请阿根廷政府将杜德拉所订购的2000万美元牛肉，直接运到西班牙。

杜德拉把2000万美元的牛肉转销出去了之后，继续寻找丁烷气。他到了美国费城，找到太阳石油公司，他对太阳石油公司说："如果你们能出2000万美元租用我这条油轮，我就向你们购买2000万美元的丁烷气。"太阳石油公司接受了杜德拉的建议。经过这一串令人眼花缭乱的商业运作之后杜德拉大获成功，从此，他便打进了石油业，实现了跻身于石油界的愿望。经过苦心经营，他终于成为委内瑞拉石油界巨子。

在19世纪50年代，美国加州一带曾出现过一次淘金热。年轻的犹太人列瓦伊·施特劳斯听说这件事赶去的时候，为时已晚，从沙里淘金的活动已到了尾声。

他随身带了一大卷斜纹布，本想卖给制作帐篷的商人，赚点钱作为创业的资本。谁知到了那里才发现，人们早就不需要帐篷，却需要结实耐穿的裤子，因为人们整天和泥水打交道，裤子坏得特别快。

他脑筋动得快，就把自己带来的斜纹布，全做成耐用耐穿的裤子。于是，世界上第一条牛仔裤诞生了。

后来，列瓦伊·施特劳斯又在裤子的口袋旁装上铜纽扣，以增强裤子口袋的承重度。此后，列瓦伊·施特劳斯开始大量生产这种新颖的裤子，销路极好，引得其他服装商竞相模仿。但是列瓦伊·施特劳斯的销售额仍一直独占鳌头，每年大约能售出 100 多万条这样的裤子，营业额高达 5000 万美元。

看来，生意场上的确有运气存在。列瓦伊·施特劳斯用斜纹布做裤子的时候，不会想到这种用斜纹布做成的裤子会被人叫做"牛仔裤"，也不会想到这种牛仔裤会引发服装界的革命，更不会想到在 20 世纪 60 年代大行其道，甚至成为那个叛逆时代的精神象征。

19 世纪 50 年代的淘金热对于犹太人列瓦伊·施特劳斯来说无疑是一次天赐的机遇，但他没有赶上。怎么办？于是他要为自己创造机遇，这才有了今天大行其道的"牛仔裤"。他的例子充分说明了，没有机遇，就要积极创造机遇，这就是财商高的人的特质之一。

当然，创造机遇的财商高的人也有差别，有些人创造的机遇小一些，有些人创造的机遇大一些，机遇的大小也就决定了财商高的人之间的差距。

苏格拉底有一句名言："最有希望成功的，并不是才华出众的人，而是善于利用每一次机会并全力以赴的人。"

对待机会，有两种态度：一是等待机会，二是创造机会。等待机会又分消极等待和积极等待两种。不过，不管哪种等待，始终是被动的。你应该主动去创造有利条件，让机会更快降临到你身上，这才是创造机会。

创造机会，首先要克服种种障碍。错误的思想、不正确的态度、不良的心理习惯，是创造机会的主观障碍。克服不了主观障碍，就会出现拖自己后腿，被自己打败的情况。

其实，生活中到处充满着机会！学校的每一门课程、报纸的第一篇文章、每一个客人、每一次演说、每一项贸易，全都是机会。这些机会带来教养，带来勇敢，培养品德，制造朋友。对你的能力和荣誉的每一次考验都是宝贵的机会。

机遇不会落在守株待兔者的头上，只有敢于行动、主动出击的人，才能抓住机会。有一句美国谚语说："通往失败的路上，处处是错失了的机会。坐待幸运从前门进来的人，往往忽略了从后窗进入的机会。"

争取机遇，抓住机遇，就要勇敢地以自己的最佳优势迎接挑战，要力求选择最佳方案，然后付之于行动。必须主动寻觅机遇，要敏锐地"抓住机遇"。机遇只能馈赠给踏破铁鞋、积极寻求的探索者，而不是恩赐给守株待兔、消极等候的人。

寻找机遇，就必须伸长触角，睁大双眼，紧紧盯着各种信息。善于抓住信息，并善于运用信息，就在相当大的程度上抓住了机遇。

获得机遇是好事，但是不能把机遇等同于成功，不可把契机当成特权。机遇，只是提供了成功的可能性，要真正获得成功，仍然需要百折不挠的奋斗。

亿万富翁都对机遇有灵敏的嗅觉

那些成为亿万富翁的人都是对机遇有着灵敏的嗅觉的人，只要有机遇，他们就会抓住机遇而成功。

阿曼德·哈曼就是一个善于寻求机遇、利用机遇，并不断进取发家致富的典型。他自己就常说，是机遇使他一本万利的。那么，时机是如何引导他一步步走向富豪之路的呢？

在美国禁酒法令实施期间，哈曼了解到姜汁啤酒受到大众的欢迎。于是，他派人到印度、尼日利亚等生产生姜的大国，大量收购生姜，并由此垄断了生姜市场，此举让他获得了丰厚的利润。

而在罗斯福总统即将上台时，哈曼敏感地意识到禁酒令即将被解除，公众对酒的需求将会大量增加。而此时的美国不仅没有造酒厂，甚至连装酒的酒桶也十分缺乏。于是，哈曼抢先一步垄断了制造酒桶用的木板，同时建立大规模的现代化酒桶工厂。在短短两年的时间内，工厂利润就高达100多万美元。

哈曼对机遇的把握堪称经典，而亚默尔的故事更富有戏剧性。

19世纪中叶，在加州发现金矿的消息在美国不胫而走。许多人认为这是个千载难逢的发财机会，于是千里迢迢奔赴加州。一夜暴富的淘金梦的确很美，17岁的小农夫亚默尔也成为这支庞大的淘金队伍中的一员，他同大家一样，历尽千辛万苦，一个月后终于赶到加州。

做这种淘金梦的人也比比皆是，而且还有越来越多的人从四面八方赶来，一时间，加州遍地都是淘金者，而金子自然不能如淘金者的意愿，越来越难淘。

不但淘不到金子，而且生活也越来越艰苦。加州气候干燥，植被稀少，水源奇缺，许多不幸的淘金者不但没有圆自己的致富梦，反而命丧此处。小亚默尔苦苦地淘了一段时间，和大多数人一样，不但没有发现黄金，反而被饥渴折磨得半死。一天，望着自己水袋中一点舍不得喝的水，听着周围人对缺水的抱怨，亚默尔的财商让他突然有了一个念头：淘金的希望太渺茫了，还不如卖水呢！水的价格虽然远不及金子，但需求量很大。于是亚默尔毅然放弃对淘金的追求，他将手中挖金矿的工具去开挖水渠，从远方将河水引入水渠，用细纱过滤，成为清凉可口的饮用水。然后将水装进桶里，挑到山谷一壶一壶地卖给淘金的人。当时有不少人嘲笑亚默尔：千辛万苦地到加州来，不去挖金子发财，却干起这种蝇头小利的小买卖，而且这种卖水的生意哪儿不能干，何必跑到这里来？然而，亚默尔却本着"不管风吹浪打，胜似闲庭信步"的理念，继续卖他的水。他心里暗自高兴：天下哪里有这样的好买卖？把几乎无成本的水大量卖出去。哪里有这样好的市场？成百上千的顾客，而且天天需要。还有一点非常特别的就是来这里的人都是想赚大钱的，他们并不介意一些买水的小钱。最后，绝大多数淘金者都空手而归，而亚默尔却在很短的时间靠卖水赚到几千美元，这在经济萧条时是一笔非常可观的财富了。

有时候，机遇会自己找上门来，就看你能不能发现。

日本大阪的豪富鸿池善右是全国十大财阀之一。然而当初他不过是个东走西串的小商贩。

有一天，鸿池与他的佣人发生摩擦。佣人一气之下将火炉中的灰抛入浊酒桶里（德川幕府末期日本酒都是混浊的，还没有今天市面上所卖的清酒），然后慌张地逃跑。

第二天，鸿池查看酒时，惊讶不已地发现，桶底有一层沉淀物，上面的酒竟异常清澈。尝一口，味道相当不错，真是不可思议！后来他经过不懈的研究，认识到木炭灰有过滤浊酒的作用。

经过十几年的钻研，鸿池制成了清酒，这是他成为大富翁的开端，而鸿池的佣人永远不知道：是他给了鸿池致富的机会。

住在纽约郊外的扎克，是一个碌碌无为的公务员。他唯一的嗜好便是滑冰，别无其他。

纽约的近郊，冬天到处会结冰。冬天一到，他一有空就到那里滑冰自娱，然而夏天就没有办法去室外冰场滑个痛快。

去室内冰场是需要钱的，一个纽约公务员收入有限，不便常去，但待在家里也不是办法，深感日子难过。

有一天，他百无聊赖时，一个灵感涌上来："鞋子底面安装轮子，就可以代替冰鞋了。普通的路就可以当做冰场。"

几个月之后，他跟人合作开了一家制造 roller－skate 的小工厂。做梦也想不到，产品一上市，立即就成为世界性的商品。没几年工夫，他就赚进 100 多万。

在现实生活中，要发现和把握商机，首先要了解商机的表现，那么，商机表现在哪些方面呢？最基本的表现就是人的需要。哪里有需要，哪里就存在商机。甚至可以说，人的需要即是商机。

在这个过程中需要弄清楚两个问题，第一个问题是人的需要是什么，范围有多大。第二个问题是如何使人们之间的交换以最快最有效的方式完成。其实，所有从事商业的人都在努力解决这两个问题。要解决第一个问题，就得研究什么是人们的真正需要，究竟有多少人有这样的需要，生产什么样的产品来满足人们的需要。比如夏天烈日炎炎，有的月份气温甚至高达40℃以上，人们迫切需要凉爽，满足人们这种需要的物品有扇子、电扇、凉席；人们也可以去游泳、吃凉食，或者去山间水边避暑。但这些方式都不能从根本上解决问题，而空调的问世，就直接满足了人们的这一需要，几乎所有人都会选择这一方式去解决酷热的问题。这说明空调的市场前景非常广阔，剩下的问题就是如何使有消费能力的人去购买某一种品牌的产品了。第二个问题的关键是人们居住在不同的地方，空间的局限和时间的有限性，使人们的交换不能顺利进行，如何使大多数的人以最有效的方式完成他们的交换是商人们所着力解决的问题。在这两个问题的背后蕴含着许多商机。

因此，许多人在创富时，应当考虑的问题就是以何种产品、何种方式最快最有效地满足人们的需要。那么，究竟人们的需要有多少呢？大致而言，人们的需要有七种，那就是衣、食、住、行、健康、娱乐和工作。著名心理学家马斯洛认为，人们的需要是分层次的，有最低层次的生存需要，比如衣、食、住，还有比较高一点的层次，如社会安全需要，被他人认同的需要和被他人尊重的需要以及实现自我的需要。马斯洛是从人的行为和动机这个角度来考查人们需要层次的。要想发现商机，这就要求创富者从商业的角度去考查人的需要。因为商业的考虑才能把潜在的市场变为现实的市场，才能满足人们的需要。

充分了解了人们的需求之后，你才能够更敏锐地捕捉到各种机遇，并因机遇而成功创富。

第十课　机遇只青睐有准备的人

只要你去发现，机遇就在身边

我们不要报怨缺少机遇，机遇就在我们身边，我们所缺少的只是发现机遇的眼睛。许多财富就是从这些被大多数人所忽略掉的部分中获得的，那些别人毫不重视或是完全忽略的生活细节中往往蕴含着巨大的财富和成功的机会。当你在这些平凡之中找到真正的问题所在，解决了这些问题，创造出价值，那你的价值也在此得到了体现。

或许人人都希望自己是天才，希望获得成功，希望在世人瞩目的领域获得非凡的成就。但是许多时候，即使是像飞机这样的科技，像浮力原理这样的理论，也都是从平凡中被发现到的。

有一位美国缅因州的男人，因为妻子病残，不得不自己洗衣服。在此之前，他是一个十足的懒汉，而现在他才发现洗衣服是多么费时费力的活儿，于是他发明了最简单的洗衣机，赚了一大笔钱；一位妇女习惯把头发缠在脑后，让自己看起来更美一些，而她的丈夫通过在一旁的细心观察，发明了发卡并在他的工厂里大量生产，创造了一大笔财富；还有一位新泽西州的理发师，经过仔细观察，发明了专供理发用的剪刀，以致成了大富翁。

美国第 20 任总统詹姆斯·加菲尔德曾经说过这样的话：

"当人们发现事物的时候，事物才会出现在这个世界上。"如果没有人发现新事物，发现新问题，那即使它是客观存在的，也不会有人了解。可见，发现对于我们是多么重要。

希尔指出："机遇就在你的脚下，你脚下的岗位就是机遇出现的基地。在这萌发机遇的土壤里，每一个青年都有成才的机会。当然，机遇之路即使有千万条，但在你脚下的岗位却是必由之路、最佳之路。"机遇并非天上之月，高不可攀，机遇其实存在于平凡之中，把远大的理想同脚踏实地的工作联系起来，在平凡的工作中埋头苦干，坚持不懈，总会找到成功的机遇的。

日常的生活，充满着睿智哲学；普通的现象，包含着科学规律；平凡的工作，孕育着崇高伟大；简单的问题，反映着深刻道理。不要忽略我们身边那些平凡的东西，他们就像是沙滩中的金粒，只要我们善于发现，善于提炼，便会凝结成一座巨大的"金山"。

瓦特从水壶盖的振动中发现了蒸汽的力量，改良了蒸汽机，给人类带来一场深刻的工业革命；牛顿从树上掉下来的苹果中受到启发，发现万有引力，为经典力学做出巨大的贡献；莱特兄弟在摆弄橡皮筋飞行器和鸟类羽翼时发现了飞行的基本原理，并在此基础上建造了最早的飞机，推动了人类在蓝天中自由翱翔的梦想的实现……

在我们周围，已经有成千上万的人依靠从平凡中发现的问题，寻找到解决的方法，为人们的生活和社会的进步提供了便利，同时也挖掘到了自己巨大的财富。

所以不要对身边的事情视若无睹，立足于眼前，以你睿智的眼光主动去寻找，机遇就在你的身边。

冬日的午后，一个渔夫靠在海滩上的一块大石头上，懒洋洋地晒着太阳。

这时，从远处走来一个怪物。

"渔夫！你在做什么？"怪物问。

"我在这儿等待时机。"年轻人回答。

"等待时机？哈哈！时机是什么样子，你知道吗？"怪物问。

"不知道。不过，听说时机是个很神奇的东西，它只要来到你身边，你就会走运，或者当上了官，或者发了财，或者娶个漂亮老婆，或者……反正，美极了。"

"嗨！你连时机是什么样都不知道，还等什么时机？还是跟着我走吧，让我带着你去做几件于你有益的事吧！"怪物说着就要来拉渔夫。

"去去去！少来添乱！我才不跟你走呢！"渔夫不耐烦地说。

怪物叹息着离去。

一会儿，一位哲学家来到渔夫面前问道："你抓住它了吗？"

"抓住它？它不是一个怪物吗？"渔夫问。

"它就是时机呀！"

"天哪！我把它放走了！"渔夫后悔不迭，急忙站起身呼喊时机，希望它能返回来。

"别喊了，"哲学家说，"我告诉你关于时机的秘密吧。它是一个不可捉摸的家伙。你专心等它时，它可能迟迟不来，你不留心时，它可能就来到你面前；见不着它时，你时时想它，见着它时，你又认不出它；如果当它从你面前走过时你抓不住它，它将永不回头，使你永远错过了它。"

愚蠢者等待机遇，聪明者创造机遇。这则故事告诉我们，"守株待兔"是永远等不到机遇的垂青，有的只是与机遇一次次擦肩而过。

戴尔·卡耐基说："能把在面前行走的机会抓住的人，十次有九次都会成功；但是为自己制造机会、阻绝意外的人，却稳保成功。"

奥格·曼迪诺说："想成功，必须自己创造机会。等待那把我们送往彼岸的海浪，海浪永远不会来。愚蠢的人，坐在路边，等着有人来邀请他分享成功。"

美国新闻记者罗伯特·怀尔特说："任何人都能在商店里看时装，在博物馆里看历史。但具有创造性的开拓者在五金店里看历史，在飞机场上看时装。"同样一个危机，在别人眼中是灾难，但在甘布士的眼中，则是机遇。他不是在家坐以待毙，而是积极采取行动，在经济危机之中为自己创造一个天大的商机。

不要坐待机遇来临，而应主动出击，寻找潜在的机遇。善于发现、主动发现问题的人往往创造的机遇比他等到的多，成功的人胜过他人的并非是幸运，而在于他善于发现，并且致力于解决问题。

很多时候，主动出击的人往往能抢得先机，也往往是最后获得成功的那些人。期待问题自己暴露出来，然后才寻求解决之道的人，往往已经错失了最佳的机会，只能成为被机遇抛弃的失意的人。

按兵不动，择机而动

看准时机需要眼力，这是成大事者成功的关键，因为如果没有善于训练自己眼力的功夫，即使金子在眼前，也如同石头。

有位记者曾与老演员查尔斯·科伯恩进行过一次交谈。记者问他：一个人要想在生活中能拼能赢，需要的是什么？大脑，精力，还是教育？

查尔斯·科伯恩摇摇头："这些东西都可以帮助你成大事。但是我觉得有一件事甚至更为重要，那就是看准时机。"

"这个时机，"他接着说，"就是行动——或者按兵不动，说话——或是缄默不语的时机。在舞台上，每个演员都知道，把握时机是最重要的因素。我相信在生活中它也是个关键。如果你掌握了审时度势的艺术，在你的婚姻、你的工作以及你与他人的关系上，就不必去追求幸福和成功，它们会自动找上门来的！"

一位睿智的诗人这样询问人生："事情该来的时候就自然会来，我们有什么理由去焦急、忧虑呢？"最佳最美的事情必须得给他们成长的时间。机遇也是如此，我们必须知道，在他们根本就不能生长出来的情况下，我们该如何等待。

等待是一门伟大的艺术。当我们悲哀、焦虑时，请记起这句古代格言——一切都会过去的。如果我们懂得如何等待，阴影便会散去，伤口便会愈合。

有这样一句哲理告诉我们："如果一个人耐心等待，那么他就能得到任何东西。"

塞万提斯深谙等待的艺术。一个人对如何等待考虑得越多，他就越聪明。塞万提斯的格言是："耐心些，重新洗牌。"当时他在文坛正处在不利的地位，他一直等待了很多年，却从没有在文学方面搞过投机的把戏。但是他心中的这把牌究竟是好是坏呢？

塞万提斯懂得如何等待，他已经为实现目标准备了很久。最后，看似幸运的东西也根本就不能称其为幸运，而我们有些人却以为他靠投机获得了成功。

机遇通常有很多种形式，我们可以根据不同的变化选择不同的机遇，抓住时机。

（1）社会形势发生变化。或许有人会说，在这个时代中，社会形势经常处在变化不定的过程中，这是普通百姓所无法驾驭的。但是，只要你有抓住机遇的意识，可以冷静判断，就可以抓住成功的机遇。在我国改革开放中，社会的发展变化异常迅速，人们的价值观念、物质需求等时时刻刻都在变化。这个大时代的背景，就为我们创造了很多机遇。许多成功的企业家就是准确抓住社会形势变化的焦点而一跃成功的。

（2）许多意外事件。各种天灾人祸的发生，对社会和许多人来说是坏事，而坏事的发生，也会给许多人带来难得的机遇。

因为有灾难，就会有恢复，有恢复，就有种种需求，社会需求的产生，就给有准备的人带来了机遇。

（3）问题的出现往往也是一种机遇。问题代表你发展的瓶颈，一旦瓶颈消失，你就获得了能力提升。在一定意义上可以这样说，没有问题，也就没有机遇。牙刷不好，这是一个问题，许多人都发现了这个问题，但没有设法去解决这个问题，所以机遇就不属于他们。而加腾信三既发现了问题，又设法解决了问题，牙刷不好的问题对他来说，就是一种机遇。

（4）广泛的交往可以使遇到机遇的概率提高。交往越广泛，遇到机遇的概率就越高。有许多机遇就是在与别人交往中出现的，有时甚至是在漫不经心的时候，朋友的一句话、朋友的朋友的帮助、朋友的关心，等等，都可能化作难得的机遇。

（5）品德创造机遇。塑造良好的品德似乎与机遇关系不大，其实不然。有些机遇的来临，就是因为关键人物看上了你这难得的高尚品德。

捉住机遇，我们必须静待时机，择机而动。

（1）不断提醒自己，把握潮头。莎士比亚曾经写道："人间万事都有一个涨潮时刻，如果把握住潮头，就会领你走向好运。"一旦你明确了"看准时机"的全部重要意义，你就朝着获得这种能力的方向迈出了第一步。

（2）当你被愤怒、恐惧、嫉妒或者怨恨等负面情绪所驱使时，千万不要做什么或者说什么。这些情绪的破坏力量可以毁坏你精心建立起来的"观时机制"。古希腊哲学家亚里士多德曾留下一段著名的话："任何人都会发火的——那很容易；但是要做到对适当的对象，以适当的程度，在适当的时机，为适当的目的，以及按适当的方式发火就不是每个人都能做到的了。这不是一件容易事。"

（3）学会忍耐。过早的行动往往是欲速则不达。在时机来临之前，我们必须学会忍耐，这也是一种智慧。

（4）这是最难的一条，即我们要学会做一个局外人。我们的每时每刻都是与所有的人共享的，每个人都会从不同的角度去看待周围发生的事情。于是，真正地把握时机就包括以一个局外人的冷静眼光去了解其他人是怎样看问题的。

善于准备才能把握机会

准备是一切工作的前提。只有充分准备才能保证工作得以完成，而且做起来更容易。拿破仑·希尔说过，一个善于做准备的人，是距离成功最近的人。一个缺乏准备的人一定是一个差错不断的人，纵然有超强的能力，千载难逢的机会，也不能保证获得成功，这样的人即使再努力也不会成为成功者。

第二次世界大战期间，具有决定性意义的诺曼底登陆是非常成功的。为什么那么成功呢？原来美英联军在登陆之前做了充分的准备。他们演练了很多次，他们不断演练登陆的方向、地点、时间以及一切登陆需要做的事情。最后真正登陆的时候，已经胜算在握，登陆的时间与计划的时间只相差几秒钟。这就是准备的力量。

机会对每个人来说都是公平的，但它更垂青于有准备的人。因为机会的资源是有限的，给一个没有准备的人是在浪费资源，而给一个准备工作做得非常好的人则是在合理利用资源和增加资源。

阿尔伯特·哈伯德说过，一个缺乏准备的人一定是一个差错不断的人，因为没有准备的行动只能使一切陷入无序，最终面临失败的局面。

飞人迈克尔·乔丹是美国篮坛有史以来最顶尖的球员，被称为篮球之神。他具备所有成为篮球王的特质和条件，他打任何一场篮球比赛，胜算都是很高的。但是，他在参加任何一场重要的赛事之前，都会练习，练习投篮，练习基本动作。他是球队练习最刻苦的人，他是准备工作做得最充分的人。

重量级拳王吉尼·吐尼一生获得过无数的荣誉，也面对过无数个强敌。有一回他要和杰克·丹塞对决，杰克·丹塞是个强劲的对手。他知道如果被丹塞击中，一定会伤得很重，一个受重伤的拳击手短时间内是很难反败为胜的。于是，他开始做准备工作，他要加紧训练，他最重要的训练项目就是后退跑步。

一场著名的拳赛过后，证明吐尼的策略是对的。第一回合吐尼被击倒之后，然后爬起来，尽量后退以避开对手，直到第一回合终了。等到第二回合，他的神智和体力都充分恢复之后，他奋力把丹塞击倒在地，获得了最后的胜利。

吐尼的胜利归功于他在事前做了最坏的打算。在实际生活中，我们每天都在面对各式各样的困难，既然我们不能预知我们的境遇，我们只好调整自己的心态，随时准备好去应付最坏的状况。

良好的机会都需要主动地去创造，如果你天真地相信好机会在别的地方等着你，或者会自动找上门来，那么你就是极其愚昧的，也注定会走向失败。

提到可口可乐，你自然就会想到它那造型独特的瓶子，外观新颖，美观实用。这个价值 600 万美金的设计是几十年前一位叫托迪的美国年轻人设计发明的。托迪当时只是一名普通的工厂制瓶工人，他常常和自己心爱的女友约会。

一次他与女友约会时，发现她穿着条线裙子十分优美，因为裙子膝盖以上部分较窄，腰部就显得更有吸引力，他看呆了。他想如果能把玻璃瓶设计成女友裙子那样，一定会大受欢迎。

托迪并不只是想想罢了，他不是一个盲目的人，他决定设计制作这样的瓶子。经过反复试验和改进，他终于制成了一种造型独特的瓶子：握在瓶颈上时，没有滑落的感觉；瓶子里面装满液体，看起来也比实际的分量多，而且外观别致优美。

他相信这样的瓶子会很有市场，于是为此申请了设计专利，果然，当时可口可乐公司恰好看中他设计出来的瓶子，以600万美金买下了瓶子的专利。托迪也因此从一个穷工人摇身一变成了一位百万富翁。

机会往往眷顾那些有准备的人，为了抓住机会，实现自己的目的，我们必须养成善于准备的好习惯。前文中的托迪并不是设计专家，他只是一位普通的工人。要想成功，必须做好抓住机会的准备。或许他可以只是随便想想女友的美妙身材，而不用真的去投入设计和制作那种瓶子，但如果那样的话，他就没有机会被可口可乐公司看中。成功总是眷顾像托迪一样有准备的人。

日复一日的工作可能让你觉得漫无目的毫无乐趣。但你可以像托迪一样成功，至少能比别人成功。只要你能够比别人更早地发现蕴藏在工作之中的机会，并且做好准备，抓住转瞬即逝的机会，便能实现自己的目的。

只有一个时刻做好准备的人才能抓住稍纵即逝的机会。美国钢铁大王安德鲁·卡内基就是一个善于准备，懂得去抓住机会的人。

在美国经济大萧条时期，卡内基的钢铁公司开始生产尚未被社会所普遍接受的熟铁。那时候刚好有一座很重要的铁路桥梁工程要开工，这需要大量的钢铁。负责桥梁的管理人员错误地认为，熟铁比生铁脆弱，所以卡内基需要千方百计地说服他们。那时，恰好有一位管理人员开车发生了交通事故，他开着一辆汽车在黑暗中飞快地撞到一根生铁的灯柱上，而灯柱已经被撞断了。

卡内基得知此事，便立即亲自去现场查看，于是抓住这一良好契机，他说："喂，诸位，看见了没有啊？"

许多管理人员开始围着他，于是卡内基简单明了地向他们解释为什么熟铁反而比生铁好。果然，他成功地赢得了钢铁供应合同。

在熟铁不受欢迎的不利境况下，卡内基能知难而上，主动出击，等到机会出现时，就能充分自如地应付，抓住并加以利用，为自己的成功所用。

机会是成功的跳板，聪明的人主动扑向机会，从机会中赢取自己想要的东西。卡内基自己也说："机会是自己努力造成的，任何人都有机会，只是有些人善于做准备，因此他们可以更好地抓住机会，达成自己的目的。"

树立个人品牌，等机遇找你

在当今，由于经济体制的调整和战略的转变，以及人才的买方市场，众多企业纷纷裁人。在这场裁人风潮中，许多人会失掉饭碗，重寻工作。工作被迫变动，对就业者来说是一件痛苦的事情。有专家提出，有了个人品牌，人们才会在职场中成为"不倒翁"。

美国管理学者华德士提出：21 世纪的工作生存法则就是建立个人品牌。他认为，不只是企业、产品需要建立品牌，个人也需要在职场中建立个人品牌。

个人品牌与其他品牌一样，都是一种质量和荣誉的象征。具体而言，个人品牌有几个特征。

（1）最基本的特征是质量保障。它体现在两方面：一方面是个人业务技能上的高质量，另一方面是人品质量。也就是说既要有才更要有德。一个人，仅仅工作能力强，而道德水平不高，是建立不起来个人品牌的。

（2）讲究持久性和可靠性。建立了个人品牌，就说明你的做事态度和工作能力是有保证的，也一定会为企业创造较大的价值。

（3）品牌的形成是一个慢慢培养和积累的过程。任何产品或企业的品牌都不是自封的，而要经过各方检验、认可才能形成。对个人品牌而言，也不是自封的，而是被大家所公认的。

（4）个人品牌形成后，拥有品牌的人工作总会事半功倍。像一个企业一样，如果有了品牌，它做任何事就会相对容易一些。同样对个人来讲，一旦建立了品牌，工作就会事半功倍。

中国欧美同学会商会会长、北京大学光华管理学院客座教授王辉耀举例说，你如果在 IBM 做过经理，有不错的业绩，在业界树立了你的信誉，建立了自己的品牌，那么你还可能去做惠普的经理，去做苹果的经理等。

由此可见，一个人在拥有个人品牌之后，机遇往往会"自动上门服务"。那些有个人品牌的人，从来就没有愁过工作问题，不仅如此，他们常常成为猎头公司追逐的对象。

如果一个人凭着自己良好的个人品牌，能让别人在心里默认你、认可你、信任你，那么你就有了成功者的一项资本。

一个初入社会的"新鲜"人如果希望自己成就一番事业，他首先要获得人家对他的信任。这是他为自己所树立的一个品牌。个人如果得到了自己的品牌，真要比获得千万财富更为重要。

但是，真正懂得获得个人品牌的人真是少之又少。大多数人都无意中在自己前进的康庄大道上设置了一些障碍，比如有的态度不好，有的缺乏机智，有的不善于待人接物，这常常使一些有意和他深交的人感到失望。

很多人在社会中、在工作中、在与人交往中，常常有着这样的看法，即认为一个人的信用是建立在金钱基础上的。一个有钱、有雄厚资本的人，就有信用，其实种想法是不对的。与百万财富比起来，高尚的品德、精明的才干、吃苦耐劳的性格要高贵得多。

一个人一旦失信于人一次，别人下次便再也不愿意和他交往或发生贸易往来了。这样的人也树立不起来自己的品牌，即使有也会被自己摧毁掉，机遇再也不愿找他，因为他的不守信用可能会生出许多麻烦来。

所以，对我们来说，一个人的品牌往往比他的有形财富更重要。

不要跟环境硬碰硬，学会绕道而行

我们每个人的大脑都差不多，可就是有的人四肢发达，头脑简单，说话直肠子，思维一条线。只知道一加一等于二，就是明白不了三减一也等于二；知道一个月是 30 天，半个月是多少天却很让他费解；有的人一条道走到黑，不知变更；有的人只认死理，不认活理；他们的思维是呆板的，僵硬的，一条道走到黑，不知变通的。若用这样的思维去创业，一般情况下都会失败。除非你的对手比你还愚，否则绝无取胜的把握。

那些"直肠子"、"一根筋"，为人处世"不撞南墙不回头"，十头公牛也拉不回来。这样的人当属缺智少谋的例子。建议这些人不如学点儿迂回术，让自己的大脑多几个沟回，多点儿智慧，肠子多几个弯弯绕，神经多长些末梢。一言以蔽之，多绕几个圈子也许会在人生中得到最大的实惠。

《孙子兵法》云："军急之难者，以迂为直，以患为利。故迂其途，而诱之以利，后人发，先人至，此知迂直之计者也。"这段话讲的是，在战争中最难处理的是把迂回的弯路当成直路，把灾祸变成对自己有利的形势。也就是说，在与敌人的争战中迂回绕路前进，往往可以在比敌方出发晚的情况下，先于敌方达到目标。

若是我们行路之时，遇到弯路，自然会顺路而行，这种做法同样适用于生活，即绕着圈子达到目标，换个说法就是不走直线走曲线。

生活中，总有一些即使我们"撞南墙"也无法达到的事情。例如，有些话不能直言，便得拐弯抹角地去讲；有些人不易接近，就少不了借人搭桥；搞不清对方葫芦里卖的什么药，就要投石问路、摸清底细；有时候为了使对方减轻敌意，放松警惕，我们便绕弯子、兜圈子，使用"顾左右而言他"的迂回战术，本来"山穷水尽"的结局便可"柳暗花明"。

有这样一个笑话。

当一艘船开始下沉时，几位来自不同国家的人还在船上，根本不知道将要发生什么事情。船长命令他的船员："去告诉这些人穿上救生衣跳到水里去。"

几分钟后船员回来报告："他们不往下跳。"

"你来照管这里，我去看看。"船长说。

一会儿船长回来说："他们全部都跳下去了。"

"您是怎样让他们跳的？"船员问道。

"我只是换了一下说法。我对英国人说，那是一项体育锻炼，于是他跳下去了；我对法国人说，那是很潇洒的；对德国人说那是命令；对意大利人说，那是不被基督教所禁止的；对俄国人说，那是革命行动，于是他们就一个个地跳了。"

"那您是怎么让美国人跳下去的呢？"船员问船长。

"他们是被保过险的。"

面对问题时，不同的人会采取不同的态度，有的人一条路走到黑，船员就犯了这样的毛病。他没有根据人们实际情况的不同绕道而行，而进行硬邦邦的简单直述，自然起不到什么作用。而有的人善于绕道而行，就像船长运用他的智慧，根据不同国家人民的特性，用非常睿智的话语圆满地完成了任务。

在日常生活和工作中，面对环境的改变，我们不妨换个角度和思路多想想。世上没有绝对的直路，也没有绝对的弯路，关键是看你怎么走，怎么把弯路走成直路。有了绕道而行的智慧和本领，问题自然就会解决，而你所期待的机遇也会期然而至。

也许你曾经奋斗过，也许你曾经追求过，但你认定的路上红灯却频频亮起。你焦急，你无奈，都不如绕道而行！学会绕道而行，拨开层层云雾，便可见到明媚阳光。

绕道而行，并不意味着因为害怕困难而退却，也并不意味着放弃，而是在审时度势寻找最佳方式与机遇约会。绕道而行，不仅是一种生活方式，更是一种豁达和乐观的生活态度和理念，是创造机遇的一种方式。大路车多走小路，小路人多爬山坡，以豁达的心态面对生活，敢于和善于走自己的路，这样你永远不会是一个失败者，不会让机遇擦身而过，而是在创造机遇中为自己的人生开创出一条新生之路。

"若将世路比山路，世路更多千万盘。"人生之路，还是弯的多直的少。所以，我们何必以卵击石，跟环境硬碰硬，何不绕道而行，欣赏人生的美丽风景呢？

第六章

敢冒风险，无限风光在险峰

第十一课 风险是一把双刃剑

风险是一把双刃剑

创富的市场和战场一样，都是风云变幻，前途未卜。在战场上每向前一步都需要冒很大的风险，在市场中也一样。任何一个梦想着成为亿万富翁的人都必须了解风险。面对风险，驾驭风险，才能成功。

有四个人准备过桥，一人是盲人，一人是聋人，还有两个健全的人。桥下面是地势险恶的大峡谷，涧底是怒吼的湍急的水流，只有几根光秃秃的狭窄的铁索横搭在两面悬崖的峭壁间。四个人只能一个接一个地抓住铁索，冒着死亡的危险到达桥的另外一端。按照我们正常的思维，我们可能会担心那位盲人和那个聋人，因为毕竟他们有身体缺陷，恐怕难以完成这样的行动，结果却是出人意料的，那位盲人和那位聋人都顺顺利利、安安稳稳地过了桥，其中一个健全的人也过了桥，而另一个却跌下去被怒吼的大水夺去了生命。

难道跌下去的那位健全的人还不如盲人、聋人吗？不是，他的弱点恰恰是因为他的耳聪目明。

正如那位盲人说的："我的眼睛看不见东西，所以不知道前方是危险，我就心平气和地攀索，结果十分顺利。"聋人说："我的耳朵听不见声音，听不到脚下咆哮怒吼的声音，所以我的恐惧就相对减少很多。"而两位健全的过桥人心态是不一样的，活下来的那位说："我过我的桥，我走我的路，险峰与我有什么关系啊？急流又与我有什么关系啊？我只管注意落脚稳固、心情舒畅就够了。"而另外一位掉下桥的人却是十分惧怕脚下的水流和怒吼的声音，因此战战兢兢不敢往前，心情也是十分复杂，结果就掉下去了。

这则故事以生动的笔触告诉我们，风险是什么。风险就是那座在危崖上的吊桥，要想成为富人阶层的一员，你就必须走过桥去。风险在这里就起到一把双刃剑的作用，它能够成全你，也能够使你一败涂地。但想创富的你别无选择。否则只能留在贫穷中继续挣扎。故事同时还说明，只有那些敢于冒险者才能够成功。

1680 年，英国人爱德华·劳埃德在泰晤士河畔开了一家咖啡馆。这个咖啡馆马上成为海员之家，一些船主、富商、航海家经常在这里集会喝酒。当时由于通讯设备还相当落后，没有发行报纸，人们彼此传递信息的场所就是咖啡馆。劳埃德广泛收集主顾们感兴趣的远洋航运信息，为他们彼此传递，使咖啡馆的生意异常兴隆。可是，劳埃德并不甘心一生都做咖啡店生意。他认为，作为一名男子汉应敢于冒险，富于创造，轰轰烈烈地干一番事业。他一直在等待良机，这个时机终于来到了。

在一次偶然的交谈中，劳埃德听到伦巴第人在做海运保险。在那时，英国海运十分不安全，不是碰到想不到的恶劣天气，就是遭到海盗或敌方的袭击，海难事件经常发生，从事海上贸易的人都希望有人能为他们的船只和财物保险。这些信息给了劳埃德很大启发。他想，为什么不倡议船主、货主参加海运保险呢？这一大胆倡议一经提出，便获得了船主、货主们的积极响应，一拍即合。劳埃德在航运朋友们的支持下，决心在英国创立海运保险事业。

所谓海运保险，就是：用保险的方法，使船舶发生任何损失或损害时不至于造成破产；由多数人分担少数人的损失。所以商人们特别是较年轻的商人，受保险方法的吸引，更愿意自由地从事商业冒险。

劳埃德为了筹划资金，果断地拿出了所有积蓄。接着，又着手物色办事人员。他在这个能充分施展自己才能的领域中发挥出了最大的潜能和创造力。很快，劳埃德便以自己的姓氏命名，建立了"劳埃德保险公司"。在英国泰晤士河边的这家咖啡店一跃成为英国保险事业的发源地。

劳埃德经营有方，劳埃德保险公司的魄力和信誉使得保险业不断拓展，保险的项目也日渐增多，范围也随之扩大。到了今天美丽的影剧两栖明星玛莲·戴崔姬就为自己的容颜和一双玉腿在劳埃德保险公司投保 100 万英镑。这一举动引起了欧美人士的关注。可见，劳埃德公司承担的项目是无所不包，无奇不有。从太空卫星、超级油轮，到主演电影《超人》的男影星的人身安全，都到劳埃德公司去投保。

因为劳埃德公司是采取合股的合作社经营管理公司，财力十分雄厚，敢于承接金额庞大的保险项目。它的名声也在世界各地广为流传。劳埃德认为：风险越大，成功机会就会越多。

显然，没有冒险，就不会有今天的劳埃德保险公司。正因为风险的正面效应才使得爱德华·劳埃德取得了成功。

因为风险的双面性，所以冒风险就有失败的可能，但坚持掌握一切有利因素，就能够赢取成功。

风险程度有大小的区别。风险愈小，利益愈大，那是人人渴望的处境。财商高的人会时刻留意这种有利的机会。但他们宁愿相信，风险愈大，机会愈大。财商高的人不会贸然去冒风险，他会衡量风险与利益的关系，确信利益大于风险，成功机会大于失败机会时，才进行投资。财商高的人虽甘愿冒险，但从不鲁莽行事。风险的成因是形势不明朗，若成功与失败清楚地摆在面前，你只需选择其一，那不算风险。但当前面的道路一片黑暗，你踏上这条道路时，可能会掉进陷阱或深谷里，但也可能踏上一条康庄大道，很快带你走向成功。于是风险出现了，或停步，或前进，你要做出选择。

前进？可能跌得粉身碎骨，也可能攀上高峰。停步？也许得到安全，但也会错过大好良机，令你懊悔不已。

财商高的人事前预计到种种可能招致的损失，对自己说："情形最糟，也不过如此！"然后拼尽所能，去实现目标，即使失败了，也觉坦然，对自己，对别人无愧。

作为一名成功的证券投机商，霍希哈从来都不鲁莽行事。他的每一个决策都是建立在充分掌握第一手资料的基础上。他有一句名言：除非你十分了解内情，否则千万不要买减价的东西。而这个至理名言是以惨痛的代价换来的。

1916 年，初涉股市的霍希哈以自己的全部家当买下了大量雷卡尔钢铁公司的股票，他原本以为这家公司将走出经营的低谷，然而，事实证明他犯了一个不可饶恕的错误。霍希哈没有注意到这家公司的大量应收账款实际上已成死账，而它背负的银行债务即使以最好的钢铁公司的业绩水平来衡量，也得 30 年时间才能偿清。

结果雷卡尔公司不久就破产了，霍希哈也因此倾家荡产，只好从头开始。

经过这次失败，霍希哈一辈子都牢记着这个教训。1929 年春季，也就是举世闻名的世界大股灾和经济危机来临的前夕，当霍希哈准备用 50 万美元在纽约证券交易所买一个席位的时候，他突然放弃了这个念头。霍希哈事后回忆道："当你发现全美国的人们都在谈论着股票，连医生都停业而去做股票投机生意的时候，你应当意识到这一切不会持续很久了。人们不问股票的种类和价钱疯狂地购买，稍有差价便立即抛出，这不是一个让人放心的好兆头。所以，我在 8 月份就把全部股票抛出，结果净赚了 400 万美元。"这一个明智的决策使霍希哈躲过了灭顶之灾。而正是在随后的 6 年中，无数曾在股市里呼风唤雨的大券商都成了这次大股灾的牺牲品。

霍希哈的决定性成功来自于开发加拿大亚特巴斯克铀矿的项目。霍希哈从战后世界局势的演变以及原子武器的巨大威力中感觉到,铀将是地球上最重要的一项战略资源。于是,从1949年到1954年,他在加拿大的亚大巴斯卡湖买下了1222平方千米的土地,他认定这片土地蕴藏着大量的铀。亚特巴斯克公司在霍希哈的支持下,成为第一家以私人资金开采铀矿的公司。然后,他又邀请地质学家法兰克·朱宾担任该矿的技术顾问。

在此之前,这块土地已经被许多地质学家勘探过,分析的结果表明,此处只有很少的铀。但是,朱宾对这个结果表示怀疑。他确认这块土地藏有大量的铀。他竭力向十几家公司游说,劝它们进行一次勘探,但是,这些公司均表示无此意愿。而霍希哈在听取了朱宾的详细汇报之后,觉得这个险值得去冒。

1952年4月22日,霍希哈投资3万美元勘探。在5月份的一个星期六早晨,他得到报告:在78个矿样中,有71块含有品位很高的铀。朱宾惊喜得大叫:"霍希哈真是财运亨通。"

霍希哈从亚特巴斯克铀矿公司得到了丰厚的回报。1952年初,这家公司的股票尚不足45美分一股,但到了1955年5月,也就是朱宾找到铀矿整整3年之后,亚特巴斯克公司的股票已飞涨至252美元一股,成为当时加拿大蒙特利尔证券交易所的"神奇黑马"。

在加拿大初战告捷之后,霍希哈立即着手寻找另外的铀矿,这一次是在非洲的艾戈玛,与上一次惊人相似的是,专家们以前的钻探结果表明艾戈玛地区的铀资源并不丰富。

但霍希哈更看中在亚特巴斯克铀矿开采中立下赫赫战功的法兰克·朱宾的意见,朱宾经过近半年的调查后认为,艾戈玛地区的矿砂化验结果不够准确。如果能更深地钻入地层勘探,一定会发现大量的铀床。

1954年，霍希哈交给朱宾10万美元，让他正式开始钻探的工作。两个月以后，朱宾和霍希哈终于找到了非洲最大的铀矿。这一发现，使霍希哈的事业跃上了顶峰。

1956年，据《财富》杂志统计，霍希哈拥有的个人资产已超过20亿美元，排名世界最富有的前100位富豪榜第76位。

霍希哈的失败和成功都是偶然性中带着必然性的。因为风险是一种双刃剑，但只要你审时度势，仔细考察分析，冒险就会给予你优厚的回报。

冒风险并不等于蛮干，它是建立在正确的思考与对事物的理性分析之上的。克劳塞维茨说："只有通过智力的这样一种活动，即认识到冒险的必要而决心去冒险，才能产生果断。"创业者在进行决策时，应依据所掌握的资料、信息，结合客观规律，扫除个人的情绪、偏见等主观因素，权衡利弊得失，估计其可行性，尽可能地进行理性分析与科学决策。须知，卓越的勇敢与智慧缺乏的勇敢是截然不同的两种勇敢，前者叫勇敢，而后者被称为莽撞。

美国甲骨文公司创始人拉里·埃里森可能是世界电脑业中在进取精神、胆识魄力、坚强果断、高傲自信等方面，唯一能与比尔·盖茨相媲美的企业家。两人都是白手起家，领导自己的公司不断扩展壮大；两人都以技术专家自居，却以强硬的企业战略家闻名于世。埃里森这方面的特征，甚至从他的业余爱好中就可以断定：赛艇、飙车，还曾经自己开着一架战斗机在太平洋上空和别人进行模拟空战。他藐视传统，挑战权威，开发了关系数据库的商业价值。连IBM这样的业内巨头都认为商业前景暗淡的事，名不见经传的埃里森却敢大胆尝试，这或许就是他能够成功的最大秘诀。其实这是埃里森进行理性分析与科学决策的结果。现在他创建了一套以网络为依托、以团体机构和企业为顾客的应用软件，与其数据库软件结合，使信息处理更为简便。这将是一种难以匹敌的创造性的结合，甲骨文能够以此把它的竞争对手挤出市场。

但无论风险是不期而遇的还是有所预示的，在我们准备为一些重大事宜做出决定以前，都必须假定风险一定会发生，不能对风险发生的时间抱侥幸心理。风险无论发生得早晚，要达到自己的目标，就不得不始终对它保持警惕，对自己保持坚定的信念。

对于不熟悉的投资机会，不要一开始就"倾巢而出"，还是以"试"为宜。高明的将领不会让自己的主力军队暴露在不了解情况的危险下，但是为了获得敌情，取得先机，他们会派出小型的侦察部队深入战区，设法找出风险最小、效果最大的攻击策略。

投资的冒险策略亦是如此，在不熟悉的投资或状况不明、没有把握的情况下，切忌"倾巢而出"，此时以"小"为宜，利用小钱去取得经验、去熟悉情况，待经验老到、状况有把握时，再投入大钱。

俗语说得好，"万事开头难"，克服恐惧的最佳良方就是直接去做自己觉得害怕的事。冒险既然是投资致富中不可或缺的一部分，就不要逃避，先从小的投资做起，锻炼自己承担风险的胆识。有了经验之后，恐惧的感觉会逐渐消除，在循序渐进地克服小恐惧之后，就可以去面对更大的风险。很快你将发现，由冒险精神带给我们的历练，正协助我们一步一步接近梦想。

财商高的人掌控风险

常言道："不入虎穴，焉得虎子。"想创造机会，却想不冒风险，那是不可能的。财商高的人非常清楚地知道风险在所难免，冒险就是抓住机遇。但他们充满自信，在风险中争取获得更多的金钱。

冒风险，当然就要预备付出一定代价，要做好付出代价的心理准备。

一位亿万富翁说："从来没有一个人是在安全中成就一番伟业的。"

许多勇于选择冒险，善于利用机会的亿万富翁，他们总是从不畏惧艰难挫折的挑战，而是将磨难看做是对生存智慧的一种检阅。他们通过冒险展现出自己不凡的身手和超乎常人的胆略，无论结果是成功还是失败，都把它视作是人生中有价值的部分。成功了，即是取得了重大的收获，进而继续创造更大的辉煌。失败了，便将其作为未来成功的铺垫和教训。

对每一个白手起家的创业者来说，冒险是发财致富不可分割的一部分，是创业过程中必不可少的。假如一次冒险成功了，下次你用更多的资本冒险时，你的自信心会大大提高。

记住，想拥有巨额财富，就必须有强烈的进取心；敢冒风险，机遇才会降临到你的头上。

卓越的人，是在思想上或在行动上最能追求、最能冒险的人，这种卓越性，出自一个较大的内在宝库，他有更多的机会，因此能创造出更多的财富。

财商高的人不仅是谋略家，同时还是有冒险精神的野心家。在商海中，他们只要看准机会，就敢于决断，"大胆下注"。成功的财商高的人，常常会发动果敢的变革或投资行动，有时几乎是以公司命运做赌注。这些行动风险极高，有些是在公司发展初期想要巩固自己的市场地位时采用的战略行动。

琼斯在波士顿刚建铁路的时候就来到这里，那时候，波士顿还是一个小镇，自从建造了铁路，从四面八方聚集来的人越来越多。刚来的时候，他的身上只有 500 美元，他想在这里做一番大事业。

那时候，适逢土地价格升值，地价疯长，琼斯觉得做土地买卖一定能赚大钱。但苦于没有资金，他想到了租地的办法，几经寻找，他终于找到了一家即将弃用的工厂。琼斯提出租地60年，每年费用为10万美元，这样下来，整个租期厂家共收入600万美元，厂长一听很是高兴，觉得这要比卖地还要赚钱。于是欣然同意了。

虽说600万美元对琼斯来说是一笔庞大的数字。但他并不担心，他又找来了一个投资伙伴，成功地说服了他在这个黄金地带建造一座大厦。大厦落成以后，琼斯通过不断地努力和宣传，招徕了不少来波士顿投资的商人入住他的大厦。一年下来，大厦给他带来的租金居然有300多万，他只需两年时间就可以把所有的租地费用付清了。

而此时，那个把土地租给琼斯的工厂只有后悔的份儿了。

风险意识是指一个人敢于大胆地寻找并没有充分把握的事情的精神。对于财商高的人而言，机遇常与风险并肩同来。一些人看见风险便退避三舍，再好的机遇在他的眼中都失去了魅力。这种人往往在机会来临之时踌躇不前，瞻前顾后，最终什么事也做不成。我们虽然不赞成赌徒式的风险，但任何机会都有一定的风险性，如果因为怕风险就连机会也不要了，无异于因噎废食。

大凡成功人士，无不独具慧眼，他们在机会中能看到风险，更在风险中逮住机遇。

美国石油巨商、亿万富翁保罗·盖蒂，一生充满了神秘而传奇的冒险经历，因而被称之为"冒险之神"。

盖蒂是一个神秘的冒险家。1957年，当《财富》杂志把他列为全美第一号大富翁之后不久，他写过一篇直言不讳的自述，题目就叫《我如何赚到第一个10亿美元》。在这篇文章里，他以自己的亲身感受讲述了他是如何在冒险中创立起自己的事业王国的。

有人说，盖蒂是用他富有的父亲的遗产进行投资，才获得了成功。其实，1930年他父亲去世时，虽然为他留下了50万美元的遗产，但在他父亲逝世之前，盖蒂本人就已经赚取了几百万美元了。

盖蒂 1893 年出生于美国的加利福尼亚州，父亲是一位商人。他小时候很调皮，但读书的成绩还算不错，后来进入英国的牛津大学读书。1914 年毕业返回美国后，他最初的意愿是想进入美国外交界，但很快就改变了主意。

他为什么改变了主意呢？因为当时美国石油工业已进入方兴未艾的年代，雄心勃勃的创业精神鼓舞着年轻的盖蒂到石油界去冒险。他想成为一个独立的石油经营者。于是，他向父亲提出，让他到外面去闯一闯。

但他父亲提出一个条件，投资后所得的利润，盖蒂得 30%，他本人得 70%。作为父子之间，这个条件算是相当苛刻，但盖蒂爽快地答应了。他有他自己的打算。他向父亲借了一笔钱之后，便径自走出家门，独自来到俄克拉荷马州，进行他的第一次冒险事业。1916 年春，盖蒂领着一支钻探队，来到一个叫马斯科吉郡石壁村的地方，以 500 美元租借了一块地，决定在这里试钻油井。工作开始后，他夜以继日地奋战在工地上。经过一个多月的艰苦奋战，终于打出了第一口油井，每天产油 720 桶。盖蒂说："我最初的成功，多少是靠运气。"因为他打第一口井就打出油来了，而有许多石油冒险家倾家荡产都未打出一滴石油。不管怎么样，盖蒂从此进入了石油界。就在同年 5 月，他和他父亲合伙成立了"盖蒂石油公司"。不过，虽说是合伙，他仍然遵循他父亲原先提出的条件，只能收取这个公司 30% 的收益。即使如此，他也依然财源滚滚。就在这一年，他赚取了第一个百万，而他当时年仅 23 岁。

盖蒂很有点不畏艰苦的精神。创业之初，他穿着油腻的工作服，和钻井工人一起在油田里打拼。他说，这也是他成功的一条经验。他认为，一个公司的负责人能与工人们一起奋斗，结为伙伴，士气必然大长，成功才会有望。

1919 年，盖蒂以更富冒险的精神，转移到加利福尼亚州南部，进行他新的冒险计划。但最初的努力失败了，在这里打的第一口井竟是个"干洞"，未见一滴油。但他不甘失败，在一块还未被别人发现的小田地里取得了租用权，决心继续再钻。然而这块小田地实在太小了，而且只有一条狭窄的通道可进入此地，载运物资与设备的卡车根本无法开进去。他采纳了一个工人的建议，决定采用小型钻井设备。他和工人们一起，从很远的地方把物资和设备一件件扛到这块狭窄的土地上，然后再用手把钻机重新组装起来。办公室就设在泥染灰封的汽车上，奋战了 1 个多月，终于在这里打出了油。

随后，他移至洛杉矶南郊，进行新的钻探工作。这是一次更大的冒险，因为购买土地、添置设备以及其他准备工作，已花去了大笔资金，如果在这里不成功，那么将意味着他已赚取到的财富将会毁于一旦。他亲自担任钻井监督，每天在钻井台上战斗十几个小时。打入 3000 米，未见有油；打入 4000 米，仍未见有油；当打入 4350 米时，终于打出油来了。不久，他们又完成了第二口井的钻探工作。仅这两口油井，就为他赚取了40 多万美元的纯利润。这是 1925 年的事情。

盖蒂的冒险一次次地获得成功，促使他想去冒更大的险。1927 年，他在克利佛同时开采 4 个钻井，又获得成功，收入又增加 80 万美元。这时，他建立了自己的储油库和炼油厂。1930年他父亲去世时，他个人手头已积攒下数百万美元了。随后的岁月，机遇也常伴盖蒂身边。他所买的油田，十之八九都会钻出油来。而且，他的事业也一直顺风满帆，直到成为世界著名的富豪。

要想做成任何一件事都有成功和失败两种可能。当失败的可能性大时，却偏要去做，那自然就成了冒险。问题是，许多事很难分清成败可能性的大小，那么这时候也是冒险。而商战的法则是冒险越大，赚钱越多。财商高的人大多具有乐观的风险意识，并常能发大财。

财商高的人相信"风险越大，回报越大"，"财富是风险的尾巴"，跟着风险走，随着风险摸，就会发现财富。

确实，财商高的人不仅做生意，而且也"管理风险"，即使生存本身也需要有很强的"风险管理"意识。所以在每次"山雨欲来风满楼"时，他都能准确把握"山雨"的来势和大小。这种事关生存的大技巧一旦形成，用到生意场上去就游刃有余了。很多时候，财商高的人正是靠准确地把握这种"风险"之机而得以发迹。

任何一个企业要想做大，所面临的风险都是长期的、巨大的和复杂的。企业由小到大的过程，是斗智斗勇的过程，是风险与机会共存的过程，随时都有可能触礁沉船。在企业的发展过程中常常会遇到许多的困难和风险，如财务风险、人事风险、决策风险、政策风险、创新风险等。要想成功，就要有"与风险亲密接触"的勇气。不冒风险，则与成功永远无缘，但更重要的是冒风险的同时，一定要以稳重为主，只有这样的成功，才是我们想要的成功。

敢于冒险往往会取得意想不到的结果

富贵险中求。越想保住既得利益而不敢进取的人，就越发不了财，赚不到钱；天天垂头丧气的人，根本不可能致富。走路抬头挺胸，个性豪爽，敢冒风雨，披荆斩棘的人，才是财神爷的宠儿。因为性格乐观、甘冒风险是干好所有事情的基础。独木桥的那一边是美丽丰硕的果园，自信的人大胆地走过去，摘到甘甜的果实；缺乏自信的人却在原地犹豫：我能过得去吗？一而果实早已被大胆行动的人采走了。

摩根家族的祖先是公元 1600 年前后从英国迁移到美洲来

的，传到约瑟夫·摩根的时候，他卖掉了在马萨诸塞州的农场，到哈特福定居下来。

约瑟夫最初以经营一家小咖啡店为生，同时还卖些旅行用的篮子。这样苦心经营了一些时日，逐渐赚了些钱，就盖了一座很气派的大旅馆，还买了运河的股票，成为汽船业和地方铁路的股东。

1835年，约瑟夫投资参加了一家叫做"伊特纳火灾"的小型保险公司。所谓投资，也不要现金，出资者的信用就是一种资本，只要你在股东名册上签上姓名即可。投资者在期票上署名后，就能收取投保者交纳的手续费。只要不发生火灾，这无本生意就稳赚不赔。

然而不久之后，纽约发生了一场大火灾。投资者聚集在约瑟夫的旅馆里，一个个面色苍白，急得像热锅上的蚂蚁。很显然，不少投资者没有经历过这样的事件。他们惊慌失措，愿意自动放弃自己的股份。

约瑟夫便把他们的股份统统买下，他说："为了付清保险费用，我愿意把这间旅馆卖了，不过得有个条件，以后必须大幅度提高手续费。"

约瑟夫把宝押在了今后。这真是一场赌博，成败与否，全在此一举。

另有一位朋友也想和约瑟夫一起冒这个险，于是，俩人凑了10万美元，派代理人去纽约处理赔偿事项。结果，从纽约回来的代理人带回了大笔的现款，这些现款是新投保的客户出的比原先高1倍的手续费。与此同时，"信用可靠的伊特纳火灾保险"已经在纽约名声大振。这次火灾后，约瑟夫净赚了15万美元。

这个事例告诉我们，能够把握住关键时机，通常可以把危机转化为赚大钱的机会。这当然要善于观察、分析市场行情，把握良机。机会如白驹过隙，如果不能克服犹豫不决的弱点，我们可能永远也抓不住机会，只能在别人成功时慨叹："我本来也可以这样的。"

身处逆境当中，不气馁、不失去希望当然是重要的，承受压力甚至苦难，顽强地忍耐着等待机会则更显可贵。但是，命运的改变往往就在于某一个机会上，抓住这个机会可能成功，也可能失败，成功与失败均是不可预见的，去做就意味着冒险；而在失败与成功都不可把握时，就更意味着风险。那么，面临此等机会，我们该怎么办？

"高风险意味着高回报"，只有敢于冒险的人，才会赢得人生辉煌；而且，那种面临风险审慎前进的人生体验为我们练就了过人的胆识，这更是宝贵的精神财富。犹太人无疑是这种财富的拥有者：他们凭着过人的胆识，抱着乐观从容的风险意识知难而进，逆流而上，往往赢得了出人意料的成功。这种身临逆境，勇于冒险的进取精神是成就"世界第一商人"的又一重要因素。

一位亿万富翁曾这样说："风险和利润的大小是成正比的，巨大的风险能带来巨大的效益；幸运喜欢光临勇敢的人，冒险是表现在人身上的一种勇气和魄力。"

冒险与收获常常是结伴而行的。险中有夷，危中有利。要想有圆满的结果，就要敢冒风险。我们虽然有成为百万富翁的欲望，但却不敢冒险，那怎么能实现伟大的目标？

世上没有万无一失的成功之路，动态的命运总带有很大的随机性，各种要素往往变幻莫测，难以捉摸。在不确定性的环境里，人的冒险精神是最稀缺的资源。

"热爱世界的冒险家"，这是世界著名服装设计师皮尔·卡丹最欣赏的自称。正是由于皮尔·卡丹对原先的传统服装经营方式进行了开拓性的改革，时装才得以普及到最广大的消费者那里。而皮尔·卡丹对马克西姆餐厅的经营策略更是体现了这位现代企业家和服装设计大师在关键时刻的决策能力和才干。

马克西姆餐厅创办于 1893 年，是法国较高档的著名餐厅。但是，发展到 20 世纪 70 年代，经营却越来越不景气，到 1977 年为止，已濒临倒闭的边缘。

当时的皮尔·卡丹已是著名的时装大王，但他却把目光转向了马克西姆餐厅。"买下这个餐厅"，这就是皮尔·卡丹的决定。朋友都以为皮尔·卡丹在开玩笑，纷纷劝阻他："这个餐厅本来就不景气，而且要买下来耗资巨大，等于自己给自己拖一个包袱。"还有人对他说："不要让自己走向破产，头脑要冷静一点。"但是，皮尔·卡丹自己却有独到的见解：马克西姆虽然目前不景气，但历史悠久，牌子老，有优势。它经营状况不佳的主要原因在于档次太高而且单一，市场也局限在国内，只要从这几方面加以改进，肯定可以收到成效。而且，趁其不景气的时候收买，才能以低价买进，成功的机会很多，但能抓住机会的人不多。正因如此，成功的人不多。要想与众不同，关键时刻必须有自己的见解，要敢于冒险！皮尔·卡丹说："我是一个履行诺言的实干家，我喜欢说到做到，使自己的想法变成现实。"

1981 年，皮尔·卡丹终于以巨款买下了马克西姆这一巨大产业。经营伊始，他立即着手改革。首先，增设档次，在单一的高档菜的基础上再增加中档和一般的菜点。其次，扩大经营范围，除菜点外，兼营鲜花、水果和高档调味品。另外，皮尔·卡丹还在世界各地设立马克西姆餐厅分店，取得了良好的经济效益。

皮尔·卡丹用自己的冒险行动成功地封住了那些当初劝阻他的人的嘴。

在一次生意研讨会上，欧文站在一伙人面前，手里握着 1 枚普通的硬币，对那伙人说："我们来玩一个传统的掷币赌博游戏，我把硬币掷下，如果你叫正面或反面叫对了，我给你 100 万美元，如果叫错了，你给我 10 万美元。假定这是一场合法的打赌，那么这屋里有多少人敢贸然一试？"当然没有人会举手参加。

欧文把硬币装起来，接着评论道："让我们分析一下，当我提出打赌时，你们脑子里在想什么？你们在想，这家伙在输赢各半的可能情况下给我下了 10∶1 的赌注，他可能就懂谈生意，对其他则一无所知。"听话的人大多表示同意欧文的评论。

欧文继续说："你们考虑到赢了吗？你们是否在心里合计过将来用 100 万元买什么东西？不会的。你们考虑的是输，你们在想，我怎样去搞 10 万美元？我手头正紧，还等着发薪呢!"许多人不自然地笑了。

欧文继续道："我猜想你们有的人散会后回到家里，妻子向你们问好，并说，有什么新闻吗？你会答道，'有一个家伙拿出 1 枚硬币要赌钱。哎，对了，我们没钱了吗?'"在场的人没有跟欧文赌钱是英明的。就钱财而言，对任何人的风险程度均与他拥有的财产成正比。如果有一个亿万富翁在场，他就会毫不犹豫地跟欧文打赌。因为钱可以使人找到有利的机会，因为钱可以使人感到危险也毫无惧色，即使输了，也只是耸耸肩，潇洒地叹口气："怎么搞的!"如果欧文把赌注降低，从 100 万对 10 万降到 100 元对 10 元，那么，在场的人就都有可能打赌了，因为这时冒险的损失对他们来说是九牛一毛。

成功的人都知道，坚定不移涉及抉择，而抉择则涉及风险，正如美国一位 58 岁的农产品推销员所发现的。他以不同品种的玉米做实验，设法制造出一种清脆、疏松的爆玉米花。当他终于培育出理想的品种，可是没有人肯买，因为成本较高。"我知道只要人们一尝到这种爆玉米花，就一定会买。"他对合伙人说。"如果你这么有把握，为什么不自己去销售？"合伙人回答道。万一他失败了，他可能要损失很多钱。在他这个年龄，他真想冒这样的险吗？他雇用了一家营销公司为他的爆玉米花设计名字和形象。不久，奥维尔·瑞登巴克就在全美国各地销售他的"美食家爆玉米花"了。今天，它是全世界最畅销的爆玉米花，这完全是瑞登巴克甘愿冒险的结果，他拿了自己所有的一切去做赌注，换取了他想要的东西。

事实上，任何一个成功的人在开创自己事业的时候，都会考虑到风险，但是真正有魄力的人不害怕风险，迎难而上，坚忍不拔，最终才能获得成功。如果我们身边突然降临了机遇，我们突然来了很好的灵感，而我们不敢去获取，只是远远地观望，只能让机遇徒然溜走了。

大多数人害怕承担风险，害怕困难，宁可违背自己的内心，放弃自己的追求和梦想，忍受无聊的生活，忍受自己不喜欢的工作，忍受自己的鸿鹄之志和才华学识在无所建树中消磨殆尽。这种人一生都将安于现状，不求改变，他们无法突破自己的圈子，无法开发出自身潜在的力量，也永远无法取得满意的结果。

而那些真正有魄力的人懂得放弃，敢于突破种种限制，追求自己的梦想。因为放弃，他们达到了自己的目标。很多成功的生意人就是靠着这种魄力，迈开了创业的第一步，也是最关键的一步。有的商人起初只是公司和企业里无足轻重的小职员，但是他们具有生意人必备的综合素质，因为不甘心朝九晚五的生活，按部就班的工作和被人呼来唤去的无奈，他们做出了改变一生的重大决定——我要创业！

如果我们不想冒险，那么我们就无须谋求改变。然而，如果我们总是逃避改变，安于现状，我们就绝不会拥有成长的机会。许多人都认为稳定以及对生活的提前预见是人生幸福的保证。然而，事实上改变我们本身才是你我以及每一个人生活的真正航线。

第十二课 风险越大，回报越大

与市场共舞

把握了市场的脉搏，你将与幸运同在。成功的商人指出将生意做大的关键就在于与市场共舞，即敏锐地把握市场的大势。在一个完善的市场竞争社会中，谁把握了市场的大势，谁就能够顺势而为。

成功商人索罗斯在著作《金融炼金术》中描述了他从 1985 年 8 月 18 日到 1986 年 11 月 7 日期间的交易行为。我们读下去，就会看到索罗斯对于金融走势的准确判断，以及卓越的预见性。我们知道，索罗斯喜欢用外来词为事情命名。他称这一段交易时期为"真正的时间试验"。在这期间，他基金的净资产价值增加了一倍。

故事开始于 1985 年 8 月，这使人联想起里根总统 1984 年的选举，以及随后的减税和增加国防开支的行动，它们开创了美元和股市繁荣的时期。美国决心对抗苏联，在政策上更加开放，欢迎外国投资者参与美国经济的扩张，这是外国投资者喜欢看到的。在外界看来，美国的地位确实很特殊：世界上几乎所有的国家要么由于受到苏联的威胁，要么由于内部原因而使投资者望而却步。因此，处于自信状态的美国自然就吸引了大量国际投资，有的是直接进行，有的是通过瑞士、卢森堡进行。

在里根总统执政的前期阶段，大量外资的流入，使美元市场和资本市场呈现出一派繁荣景象，刺激了新一轮的经济扩张，这又使更多的资金蜂拥而至，美元变得更加坚挺。索罗斯将这种现象称为"里根大循环"，这个模型暗示了走向泡沫经济的可能性，从本质看，这种经济最终一定会崩溃的，债务成本超过重新借债能力的时候是它能够存在的最后界限。甚至在这之前，许多力量都可能要戳破它，于是，美元贬值，大量投机资本外逃，这反过来又导致了经济的衰退，造成螺旋式下降的局面。

这就是索罗斯商业故事开始时的背景（1985 年 8 月 18 日），此时基金总值为 6.47 亿美元。读者也许会记得在这一时期，投资者非常担心货币供给增加会导致高利率的繁荣，之后是暴跌；经济界忌讳的就是所谓"硬着陆"。周期性股票遇上繁荣时显得强大，但是靠低利率维持的股票在这种情况下则显得很脆弱。

在故事中，索罗斯宣称他根本不相信这种传统的说法。他认为"大循环"已经开始蹒跚，因此美元疲软、利率回升和衰退是不可避免的。他放弃了购买周期性股票的打算，购买了可能被接管的公司的股票，以及财产保险公司的股份，这使他迎来了一个最佳业绩年。至于货币，他正通过购买马克和日元而在钱币上大做文章。他还认为欧佩克将会解散，因此卖空了大量石油。

3 周以后，即 9 月 6 日，他并没有得到利润。马克和日元贬值，而索罗斯在这两种货币上多头生意已达 7 亿美元，超过了基金总值。因此他损失惨重。截止到 9 月 6 日，他手中的马克和日元已接近 8 亿美元，几乎超出基金总值 2 亿美元。

由美国财政部负责召集的五国财政部长和中央银行会议在星期日举行。当天晚上已是香港星期一的早上，索罗斯大量买进日元，日元大幅升值，他的资产一下子增加了 10%，他的日元持有量达 4.58 亿美元。

在 9 月 28 日的日记里，索罗斯将这次财长行长会议协定描

绘为"生命中的一次挑战……一周的利润足以弥补 4 年来货币
买卖损失的总和……"对于不走运的人们而言，4 年时间太长
了！这句话清楚地说明了货币买卖的艰难。如果读者看了索罗
斯 9 月 6 日的日记，在量子基金表上，可以看到他持有的马克
为 4.91 亿美元，日元为 3.08 亿美元，总计 7.99 亿美元，超过
基金总值。到 9 月 27 日，马克对美元的汇率从 2.92：1 变为
2.68：1，升值 9%，日升值 11.5%。下大赌注的结果使两种货
币的持有量之和从 7.91 亿美元增加到 10 亿美元，但由于股票
和石油市场的亏损，整个基金的净利润为 7.6%，也就是说
8%—10%的利润被其他方面的损失所抵消。索罗斯认为股票市
场的跌落，强化了美元的熊市地位：股票的弱走势，使得消费
者和商家都缺乏信心。而且，股票价格下降弱化了它们的担保
价值，使不景气加剧。

　　到 1985 年 11 月份的第一个星期，索罗斯对美元的投资达
到了最高点。马克和日元的总值为 14.6 亿美元，几乎是基金价
值的两倍。这意味着他顺延过去增长的势头，继续增加投入，
即进行所谓累计投资。对于想在外汇买卖中品尝风险滋味的人
们来说，这是一个好机会，因为一旦趋势逆转，哪怕是短暂的，
也将拥抱灾难。

　　"我一直增加投入的原因，在于我深信逆转已不复存在：我
早已形成的关于浮动汇率的观点，短期变化只发生在转折点上，
一旦趋势形成，它就消失了。"这就是这位货币投机者的箴言。

　　财商高的人认为，对于一个投资者，不管投资于房地产、
股票、债券、外汇、期货、黄金珠宝、收藏品，都要对金融的
走势有个牢牢的把握。虽然在投资的过程中有一定的风险，但
潜在的风险有多大，都无法预测。人们可以通过金融形势的反
映对风险有所了解，对所投资的行业有所熟知，做到尽量减少
风险，以最大的程度获得成功，紧紧把握金融的走势，每一个
投资者有个美好的明天。

财商高的人做事前都要三思

作为一个投资者，虽然有着承担风险的能力，但每一位投资者都不想在投资的过程中遇见太大的风险，因为风险不仅仅危及个人的利益，同时也给自己带来了许多的不便。因此，有钱人在做每一项投资时，都做慎重的思考，因为他们知道不怕一万，就怕万一。

成功的投资家是以"致富"为冒险背后的真正动力，尽管必须准备随时应付价格波动起伏带来的压力，但只要合理管理风险，冒险终会获得成功的。

每次投资前，务必先了解可能遭遇的风险，并对每种可能发生的状况预先设想应付方案。分析盲目冒险的成分有多大，预估成功的概率有多少，且在过程中，需不断地重新评估。有钱人在投资前都要列出一张风险报酬评估表，将所有的因素加以衡量，譬如最坏的情况发生时，自己是否能够承受，而此投资标的报酬率是否理想？

财商高的人认为凡事必须作最坏的打算，也作最好的准备，投资理财更应该如此。在进行任何投资前，无论多么有把握，都应思考一下，"未来最坏的情况可能是什么？"如果以上的答案是肯定性的，那么只要投资的预期报酬足够高，便应投资；如果最坏的情况是我们所无法承担的，那么不管报酬多么的迷人，都应断然拒绝投资。

美国拉斯维加斯或大西洋城等地的赌城，在装潢豪华的赌厅里，你将发现赌厅内看不到钟，室内灯火通明，而且也看不到任何窗户。"山中无甲子，赌场无时间。"为什么赌场内不摆钟，也不设窗户？这就是赌场要利用大数法则赢你的钱。没有钟也没有窗户的目的，是想让你分不清昼夜，也就是希望赌徒能够尽兴玩乐，玩到忘了时间。因为人们玩得越久，玩的次数越多，赌场赢钱的概率就越大。玩的次数渐增，会使期望值逐渐现身。赌之所以必输，原因无他，主要是赌博的期望值为负值。少数几次看不出来，但经过越长的时间后，期望值逐渐显现出来，因此赌久了，必输无疑。这就是何以"十赌九输"，"久赌必输"的原因所在，其与大数法则的原理不谋而合。所谓的大数法则，系指游戏的次数越多，报酬率越接近该游戏的期望值。

许多人认为"高风险，一定有高报酬"的观点，其实这是一种错误的想法，为什么会这样认为呢？因为高风险会伴随着高报酬，但对于报酬的定义有所误解，高风险的确可能会有高的报酬，这最高的报酬可能只有微小概率。然而"高报酬、高风险"中，所指的报酬是指期望报酬（长期平均报酬），而非最高可能报酬。的确，赌博的最高可能报酬非常惊人，但是他的平均期望报酬却是负值，冒这种风险，不但无法获利，反而有害。

财商高的人是天生的冒险家，他们在冒风险时就全面地分析，他们不是瞎冒险。财商高的人忠告人们：要树立正确的风险观，去冒值得冒的险，然后再设法降低风险，凡事还要三思，不怕一万，只怕万一。

冒险、失败、再冒险、再失败……成功

未来的世界变化快速，不论在企业、经济、金融、政治、社会等各层面，必然会加速变化，况且整个理财的环境会变得更复杂，可以预见，未来的财富重分配也必然加速进行。规避风险是人类的天性，在过去的经济形态，你可以不冒险，安安稳稳地过日子，但面对未来多变的投资环境，不冒险反而变成

是冒最大的风险。

风险使人们迟迟不敢投资，与致富失之交臂。将钱存在银行似乎是最安全的，不需要冒太大的风险。但根据前述分析，通货膨胀将严重地侵蚀金钱的实际价值，因此，就理财的观点而言，将钱存在银行是冒最大的风险，因为在 30—40 年后，当你周围的人都因为理财得当而成为亿万富翁时，将钱存在银行的人可能因经济状况不佳而危及生活。财商高的人认为，不要一味地规避风险，风险其实没有那么可怕，冒有高报酬率的风险是绝对值得的。

常有人问一些专家："股票会不会再跌？"回答是："不知道。"接着又问："什么时候会开始上涨？"回答也是："不知道。"接着再问："哪一只股票可以买？能否报一支名牌"，回答仍然是："不知道。"接着他们会疑惑不解地问："你什么都不知道也敢投资，不是太冒险了吗？"回答是"你必须在以上所有问题都不知道的情况下投资理财，才能成功"。

为什么在上述问题都没有答案，且在未来充满不确定的情况下还要投资？财商高的人认为理由很简单，未来虽然充满风险，不过有一点能确定的是：只要经济持续成长，企业获利能力不断上升，长期而言，整体股市的投资报酬率必然会高于银行存款，而且会高出很多。一再地规避值得冒的风险，将与"致富"绝缘。

财商高的人认为，在规避风险的同时，也要学会一定的冒险。一个有冒险勇气的人，并不是说他没有恐惧，而是指他有克服恐惧的力量。

财商高的人的冒险精神并非与生俱来，多半是经由训练而来，经由冒险、失败、再冒险、再失败……一步一步训练而来。

其实每个人都是敢冒险的，每个人也都曾经有过大胆冒险的经验。在幼儿时期，我们敢冒险起来学走路，都是经过不断的跌倒、爬起，才能学会走路。年纪稍长学骑自行车，也是不断地摔倒、爬起、再摔倒、再爬起，最后才能随心所欲地驾驭自行车。人生的大部分技能，例如游泳、溜冰、开车、公开演讲等等，没有一项是与生俱来的本能。想学会这些技能，一定要经过冒险的阶段，并遵循"越挫越勇"的精神，尝试再尝试，才有可能学会的。想学会投资理财也不例外，一定得经过这段冒险过程。

人们的冒险精神似乎是随着年龄增长而逐渐消退了，一方面是由于人们在经历失败与错误后，本能上会产生挫折感，因而泄气；另一方面是传统的教育观念造成的，长者基于保护幼者的心理，小孩子一旦做出任何危险行为，马上会受到大人们的谴责，因而养成安全至上，少错为赢的习惯，立志当个不做错事的乖小孩。随着年龄的增长，当人们的冒险精神逐渐消退之际，逃避风险便成为一种习惯。虽然规避风险并不是坏事，问题是过度地规避风险，就会成为投资理财的严重阻碍。

如何克服这种恐惧的心理呢？当一个人能够控制恐惧，他便能控制自己的思想与行动。他的自控力能让他在纷乱的环境下仍然处变不惊，并能无惧于后果的不确定性而作该作的决定。当结果并不如所愿，他随时准备承担失败的结果。这种临危不乱的勇气与冒险的精神，正是投资人所应具备的特质。勇于冒险的人并非不怕风险，只是因为他们能认清风险，进而克服对风险的恐惧。勇气源自于控制恐惧，而冒险精神始自于了解风险。

财商高的人认为要想成为一个成功的投资人，就必先摒除规避风险的习惯，重新拾回失去的冒险本能，进而培养一个健康的冒险精神。的确，积习已久的避险习惯想在短时间内改变过来，谈何容易。但是，既然冒险是成功理财不可缺少的要素，学习投资理财的第一要务就是克服恐惧，强迫自己冒险，培养健康的冒险精神，勇于投资在高期望报酬的投资标的上并承担伴随它的高风险。

世界上任何领域的一流好手，都是靠着对他们所畏惧的事物冒险犯难，才能出人头地的。而一些通过理财致富，通过冒险实现梦想的人也都是如此，都是以冒险的精神作为后盾。切记！处处小心谨慎，则难以有成。缺乏冒险精神的话，梦想将永远都只是梦想。在机会来临的时候，不敢冒险的人也是一个平庸的人。

世界上最聪明的人应数犹太人，商人也如此，他们大多拥有着乐观的风险意识，犹太大亨哈默在利比亚的冒险成功就很能说明他们乐观的风险精神。

当时，利比亚的财政收入不高。在意大利占领期间，墨索里尼为了寻找石油，在这里大概花了1亿美元，结果一无所获。埃索石油公司在花费了几百万收效不大的费用之后，正准备撤退，却在最后一口井里打出油来。壳牌石油公司大约花了5000万美元，但打出来的井都没有商业价值。欧美石油公司到达利比亚的时候，正值利比亚政府准备进行第二轮出让租借地的谈判，出租的地区大部分都是原先一些大公司放弃了的利比亚租借地。根据利比亚法律，石油公司应尽快开发他们的租借地，如果开采不到石油，就必须把一部分租借地还给利比亚政府。第二轮谈判中就包括已经打出若干眼"干井"的土地，但也有许多块与产油区相邻的沙漠地。

来自9个国家的40多家公司参加了这次投标。参加投标的公司，有很多是"空架子"，他们希望拿到租借地后再转租。另一些公司，其中包括欧美石油公司，虽财力不够雄厚，但至少具有经营石油工业的经验。利比亚政府允许一些规模较小的公司参加投标，因为它首先要避免的是遭受大石油公司和大财团的控制，其次再去考虑资金有限等问题。

哈默虽然充满信心，但前程未卜，尽管他和利比亚国王私人关系良好。但是，他不仅这方面经验不足，而且同那些一举手就可以推倒山的石油巨头们相比，竞争实力悬殊太大，真可谓小巫见大巫，但决定成败的关键不仅仅取决于这些。

哈默的董事们都坐飞机赶了来，他们在 4 块租借地投了标。他们的投标方式不同一般，投标书用羊皮证件的形式，卷成一卷后用代表利比亚国旗颜色的红、绿、黑三色缎带扎束。在投标书的正文中，哈默加了一条：他愿意从尚未扣税的毛利中拿出一部分钱供利比亚发展农业用。此外，还允诺在国王和王后的诞生地库夫拉附近的沙漠绿洲中寻找水源。另外，他还将进行一项可行性研究，一旦在利比亚找出水源，他们将同利比亚政府联合兴建一座制氨厂。

最后，哈默终于得到了两块租借地，使那些强大的对手大吃一惊。这两块租借地都是其他公司耗巨资后一无所获而放弃的。

这两块租借地不久就成了哈默烦恼的源泉。他钻出的头三口井都是滴油不见的干孔，仅打井费就花了近 300 万美元，另外还有 200 万美元用于地震探测和向利比亚政府的官员交纳的不可告人的贿赂金。于是，董事会里有许多人开始把这项雄心勃勃的计划叫做"哈默的蠢事"，甚至连哈默的知己、公司的第二股东里德也失去了信心。

但是哈默的直觉促使他固执己见。在和股东之间发生意见分歧的几周里，第一口油井出油了，此后另外 8 口井也出油了。这下公司的人可乐坏了，这块油田的日产量是 10 万桶，而且是异乎寻常的高级原油。更重要的是，油田位于苏伊士运河以西，运输非常方便。与此同时，哈默在另一块租借地上，采用了最先进的探测法，钻了一口日产 7.3 万桶自动喷油的油井，这是利比亚最大的一口井。接着，哈默又投资 1.5 亿美元修建了一条日输油量 100 万桶的输油管道。而当时西方石油公司的资产净值只有 4800 万美元，足见哈默的胆识与魄力。之后，哈默又大胆吞并了好几家大公司，等到利比亚实行"国有化"的时候，他已羽翼丰满了。这样，欧美石油公司一跃而成为世界石油行业的第八个姊妹了。

　　哈默的一系列事业成功，归功于他的冒险精神和魄力，他不愧为犹太人中的大冒险家，从这里我们可以得出一个结论：驾驭风险是理财投资成功的基础，不要一味地规避风险，我们要勇敢地面对一切风险。